ホロコーストからガザへ

パレスチナの政治経済学

サラ・ロイ
Sara Roy

岡真理＋小田切拓＋早尾貴紀
編訳

青土社

ホロコーストからガザへ　目次

【地図1】イスラエルとその占領地

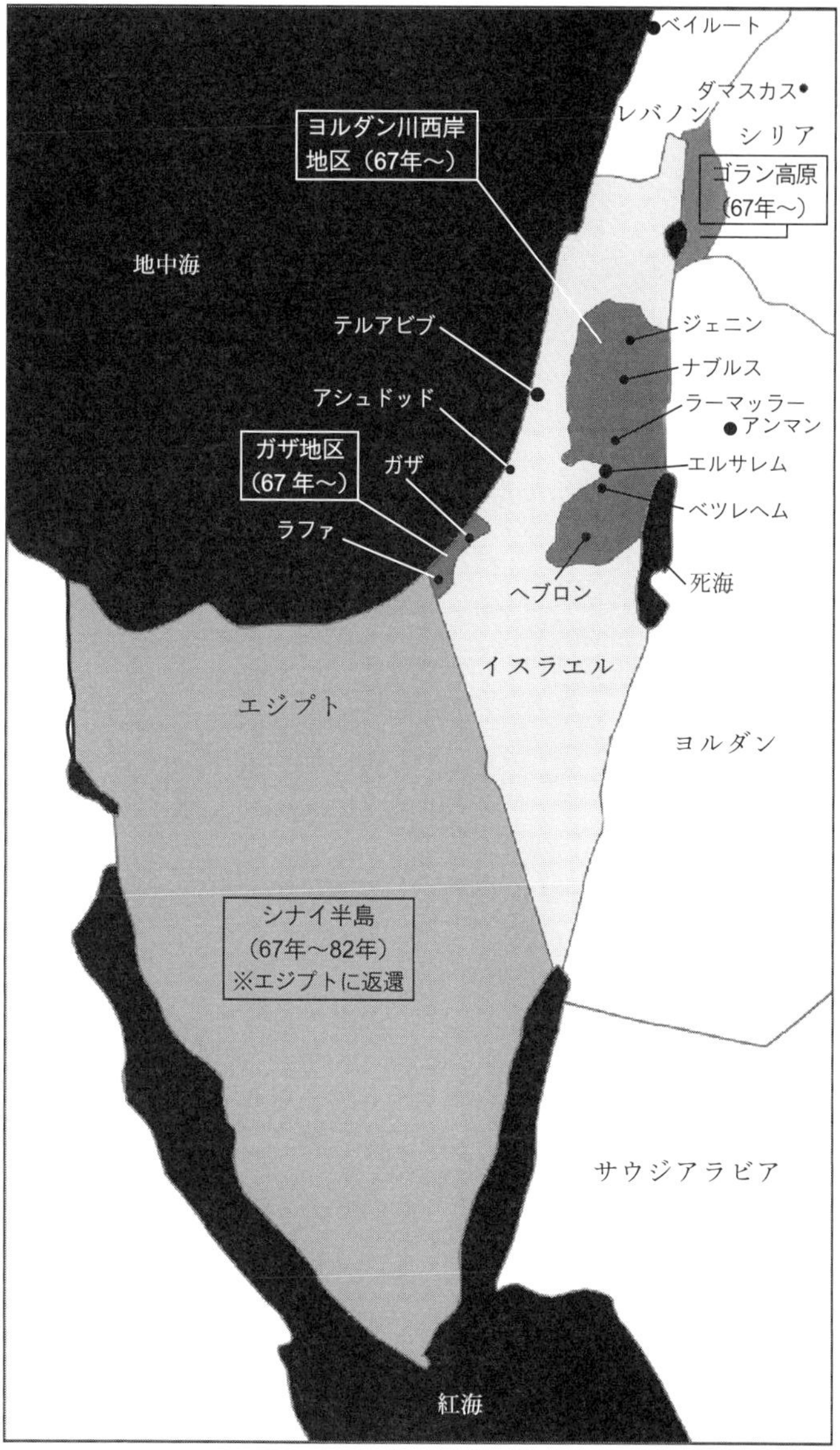
ベイルート
ダマスカス
レバノン
シリア
ヨルダン川西岸
地区（67年〜）
ゴラン高原
（67年〜）
地中海
テルアビブ
ジェニン
ナブルス
ラーマッラー
アンマン
アシュドッド
ガザ地区
（67 年〜）
ガザ
エルサレム
ベツレヘム
ラファ
死海
ヘブロン
イスラエル
エジプト
ヨルダン
シナイ半島
（67年〜82年）
※エジプトに返還
サウジアラビア
紅海

【地図2】ヨルダン渓谷とエリアA, B, C
(95年のオスロⅡ時)

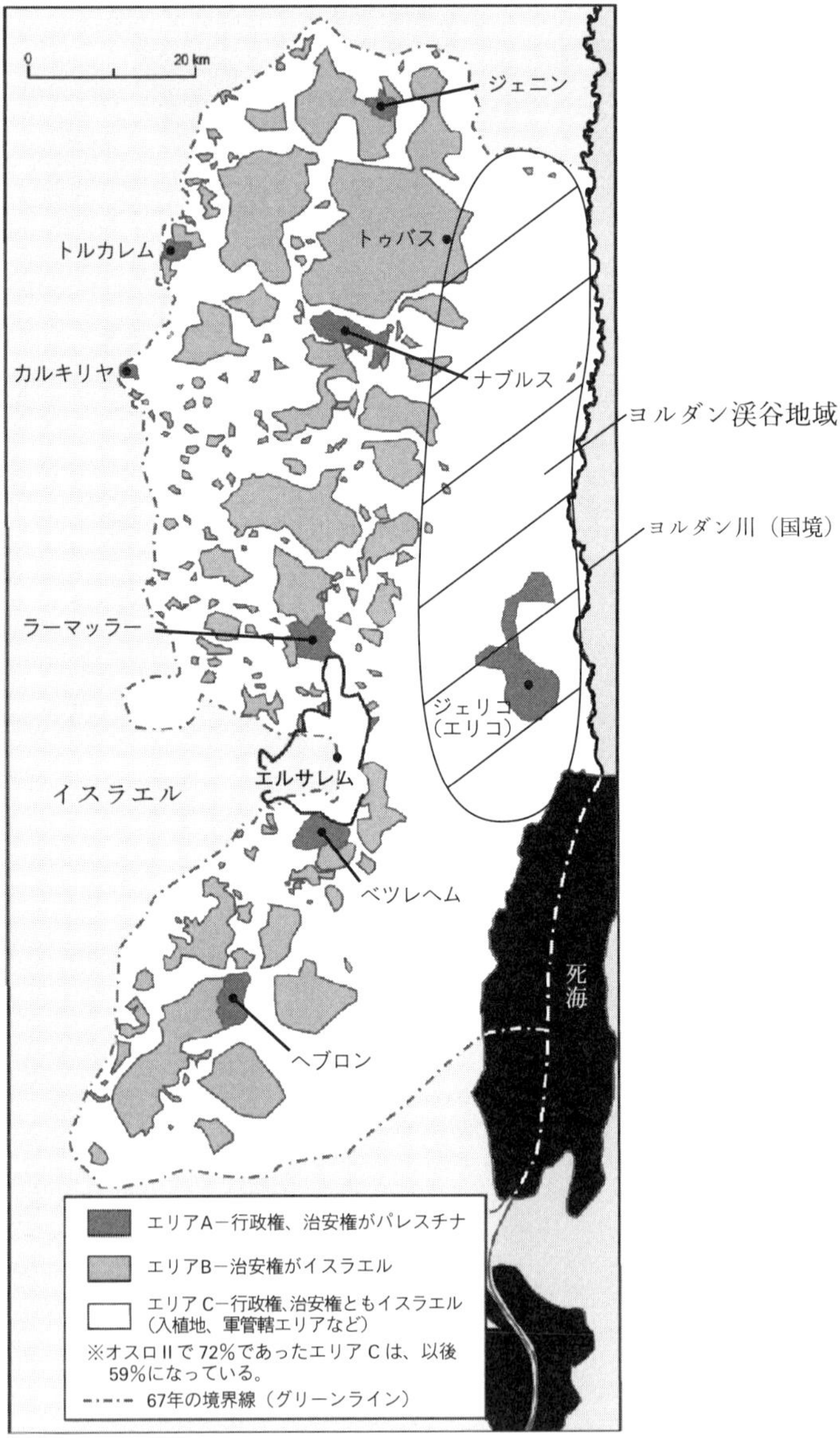

J・デヨンの地図“Oslo II, 1995”を元に作成

【地図3】ガザ地区（オスロ体制期）

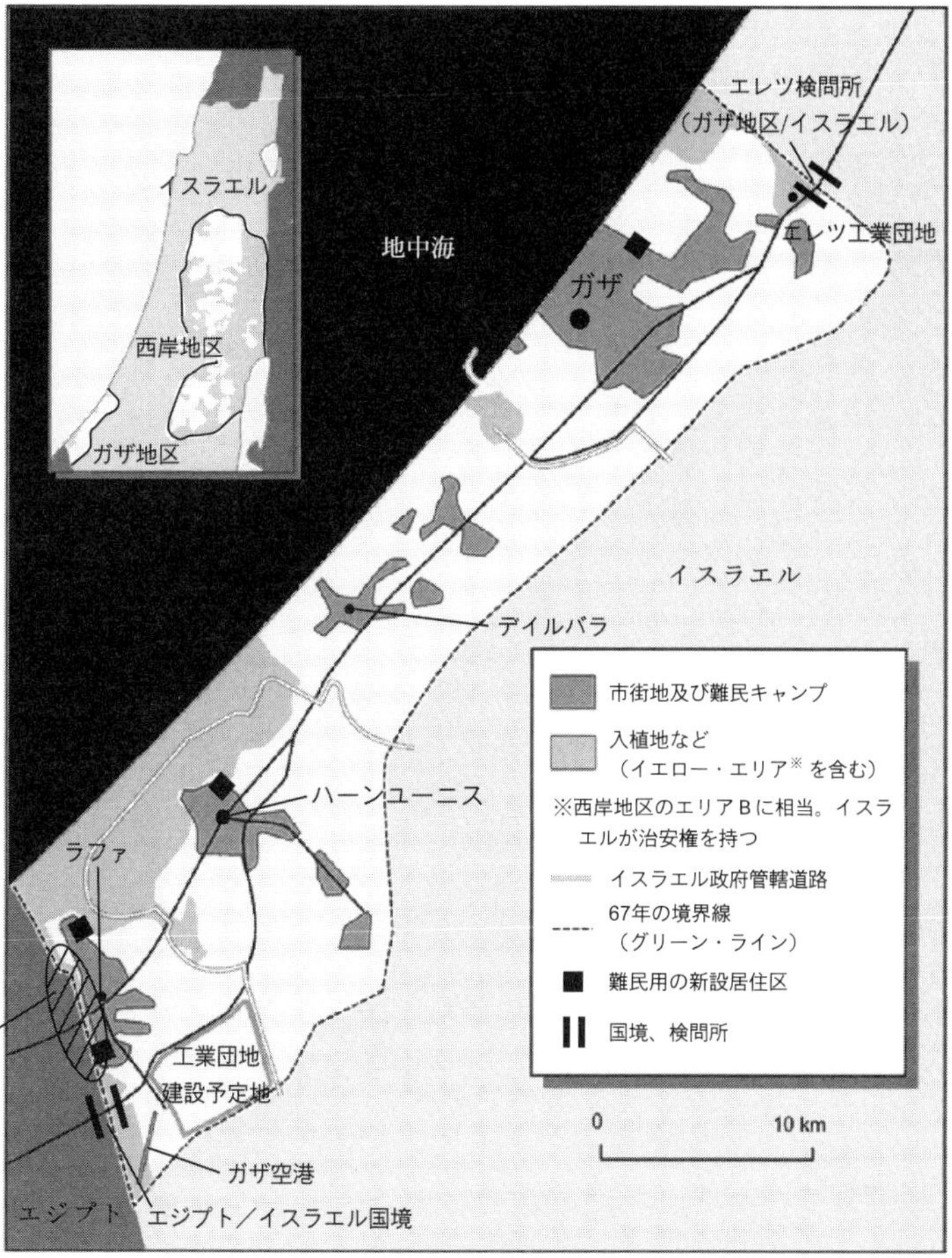

J・デヨンの地図“The Gaza Strip, 2000”を元に作成

【地図4-a】西岸地区のブロック化（隔離壁）

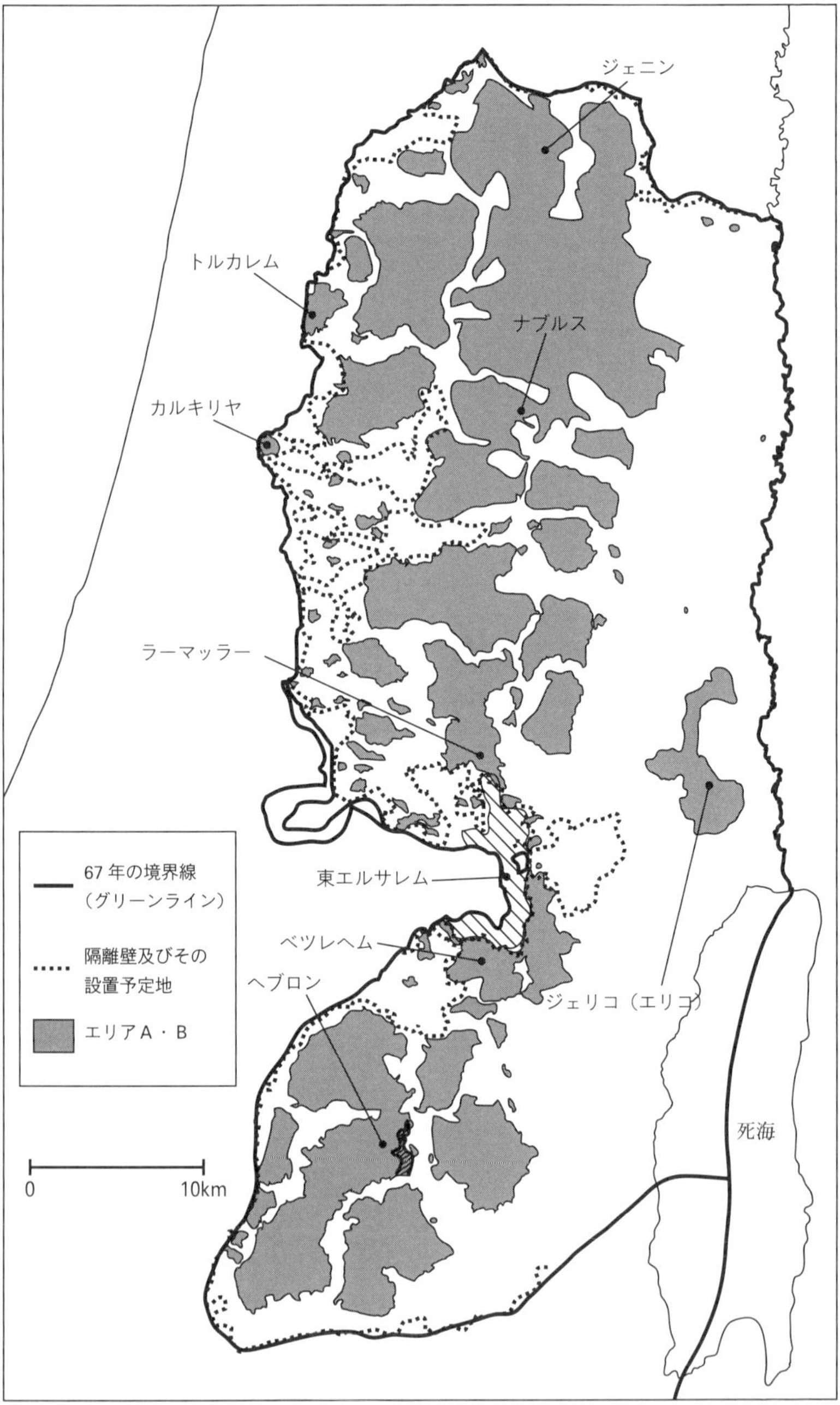

【地図4-b】西岸地区のブロック化（隔離壁＋道路網）

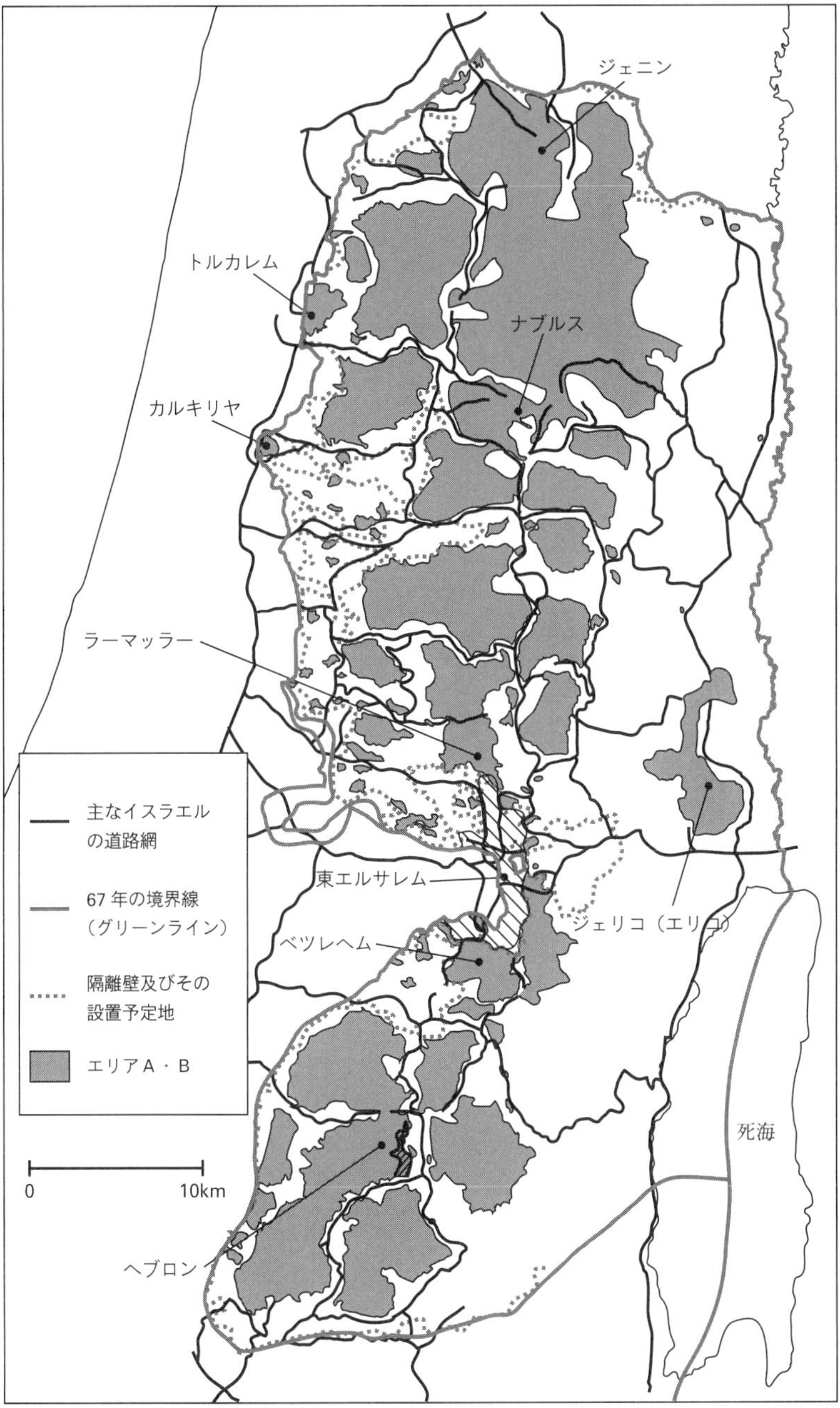

▲▼2009年6月の状況を元に作図

ホロコーストからガザへ　パレスチナの政治経済学

凡例

一、本書は、サラ・ロイの来日講演および対談を元にした独自編集である。

一、二つの講演（本書第一部第二章、第二部第一章）には、サラ・ロイ本人による原稿が用意されていた。

一、（　）は、原稿著者による補足である。

一、［　］は編訳者による訳出上での補足である。

一、訳文中の見出しは原文には存在せず、編訳者が便宜的に付した。

一、日本語の既訳のある文献からの引用は、既訳をできるだけ尊重したが、前後の文章の流れから訳文の一部を改編した。

序章　ガザ地区とパレスチナ占領の概要およびサラ・ロイの仕事

早尾貴紀

本書は、イスラエルによるガザ地区占領の問題を専門に研究するサラ・ロイ（Sara Roy）の来日講演をもとに編訳したものである。本編（第一部・第二部）に入る前に、日本の読者にはなじみの薄いガザ地区および、ガザ地区にこだわって長年、他に比類するもののない仕事を重ねているサラ・ロイについて、解説を加えておく。

1　ガザ地区について

パレスチナのガザ地区と呼ばれる地域は、現在イスラエルによる占領下におかれている、パレスチナの狭い土地である【地図1・3】。幅が一〇キロメートル前後、長さが約四〇キロメートルの細長い長方形をしているため、英語で「ガザ・ストリップ」と一般に呼ばれる（stripは「細長い、切れ」の意味／日本語では「ガザ回廊」とも）。

この狭い土地（約三六〇平方キロ）に住民が一五〇万人も住んでおり、とりわけ北部の難民キャンプなどは「世界一人口密度が高い」としばしば言われる。その一五〇万人の人口のうち、七〇パーセント以上が現在イスラエル領とされている地域から住居を追われて避難してきたパレスチナ難民であり、ガザ地区全体が難民キャンプのようなものと言われるゆえんである。

歴史的には、一九四七年一一月の国連パレスチナ分割決議によって、現在のガザ地区の三倍ほどの広さで、パレスチナ南部の地中海沿いからエジプト国境沿いに広がる領土として区分されたのが最初である。それ以前にイスラエルが存在するわけではなく、ガザ地区というものが区分されていたわけではない。あいまいに「ガザ地方」と呼ばれることはあっても、その範囲は確定していなかった（ガザ市というのはガザ地区北部にある都市の名前）。この分割決議は、その時点でパレスチナ全土の七パーセントしか土地所有をせず、人口比でも三割程度しか占めていなかったユダヤ人の側に、五七パーセントの土地をユダヤ人国家として認めるという、きわめて非現実的かつ不公平なものであった（エルサレムからベツレヘムにかけては国際管理、それ以外がアラブ人国家）。当然アラブ人側はこれを不服として認めなかった。

分割決議直後からユダヤ人国家を目指すシオニズム軍側と、それを阻止する周辺アラブ諸国軍とのあいだで戦闘が始まり、一九四八年五月にイスラエルが独立宣言、そのまま第一次中東戦争となる。翌四九年七月までに各国と停戦協定が結ばれた時点では（エジプトとの停戦はもっとも早く四九年二月）、近代的な装備によって圧倒的なシオニズム軍／イスラエル軍が前線を一気に押し拡げ、また戦略的な入植政策によって、全土の七七パーセントを実効支配することとなった。この停戦ラインを「グリーンライン」と言い、それによって現在のイスラエル領とされる地域が成立し、その残りがヨルダン川西岸地区とガザ地区という現在の形でその範囲がほぼ確定することとなった。もちろんこれは、国連決議の範囲をはるかに越境した「占領地域」をイスラエルがもつことを意味したが、国際社会はそれをとくに問題視することなくイスラエル国家を承認してしまったため、現状では、それが「占領」と認識されることはない。

停戦時点でガザ地区を支配していたエジプトが、四九年以降はガザ地区を占領下においたが、領土として併合はしなかった（それに対してトランスヨルダン王国は、ヨルダン川西岸地区を国土の一部として併合した）。これは資源にも乏しく、住民のほとんどが難民で占められるガザ地区を、エジプト政府が、たんなる負担・不安定要素とみなし、内部に抱え込みたくなかったことによる。

一九六七年六月の第三次中東戦争によって、ガザ地区はヨルダン川西岸地区、シナイ半島、ゴラン高原とともに、イスラエル軍に制圧され占領下におかれる。そのうちシナイ半島のみ、エジプトに返還されたが、それ以外の地域は現在にいたるまでイスラエルが占領を継続させている【地図1】。

これら占領地には、イスラエル政府がユダヤ人国民の入植政策を進め、ガザ地区にも最大で八千人を越える入植者が居住することとなった。それと同時に、ガザ地区および西岸地区の被占領地では、独自の産業発展がイスラエルによって著しく制限され、それによって生じた失業と産業の空白によって、両占領地はイスラエルにとっての安価な労働力供給源とイスラエル製品の販売市場として政策的に利用されることとなった。ある種の植民地経済・従属経済であり（しかし、ロイの主張に沿って後述するように、それ以上に破壊的な構造である）、占領地のパレスチナ人は、イスラエルの建設業・清掃業・運送業など（いわゆる3K労働）に多く従事することで、とくに一九六七年の占領開始から八七年の第一次インティファーダ（パレスチナ人の民衆蜂起・抵抗運動）開始までの約二〇年間は、パレスチナ人労働者とイスラエル人雇用主との「蜜月時代」ともされた。

だが、その「蜜月」も支配従属関係である以上は、根本的な差別政策に基づいており、水面下で蓄積していったパレスチナ人たちの不満や不信が爆発したのが第一次インティファーダであったと言える（それがガザで開始されたことも特筆しておく）。組織的・継続的な抵抗運動に手を焼いたイスラエルは、このインティファーダをきっかけにパレスチナ人を「御しやすい労働力」とみなすことをやめ、最終的にはパレスチナ人を労働市場から完全に排除する方向へと大きく舵取りをすることとなった。この方向転換は、八七年以降から二〇〇〇年代を通じて徐々にいくつかの段階を経て進められたが、一九九三年のオスロ和平合意とそれに続く和平プロセスも、そのなかのワンステップであった。

九四年には「ガザ・ジェリコ先行自治協定」によって、ガザ地区および西岸の小都市ジェリコに限定したパレスチナ暫定自治政府が発足。九五年に暫定自治拡大協定、いわゆる「オスロII」により、「自治」の範囲が西岸地区の都市部へ拡大（厳密に言うと行政権と治安権がともにパレスチナ側にあるA地区、行政権のみのB地区、どちらもイスラエルが握るC地区に分けられる【地図2】）した。とはいえ、本論でロイが詳しく分析するように、「自治」というのは、パレスチナの「独立国家」に向かうものではなく、「自治」を楯にパレスチナ人労働者の雇用にイスラエルが責任を負わないための、そして自治政府の財政を国際社会の援助に負担させるための、巧妙な名分であった。

実際、九三年にガザ地区の「封鎖」が完了し、フェンスに囲まれたガザ地区からイスラエル側に労働に出るにも、西岸地区の親戚を訪ねるにも、厳密に統制された許可が必要となり、その許可数も徐々に絞られていった。「自治」という名前とは裏腹に進んでいたのは、ガザの監獄化のプロセスであった。フェンスによる囲い込み、厳密な出入りのコントロール、完全封鎖による監獄化という段階は、ガザ地区を先行例として少しおくれて西岸地区で進行している。ロイがガザ地区に注目するゆえんでもある。

そして二〇〇〇年の第二次インティファーダ開始以降はガザ地区を出入りする許可がきわめて限定的なものとなり、さらに二〇〇五年八月に実施されたガザ地区からのイスラエルの入植地・軍事基地の撤退とともに、ごく一部の例外を除いて原則的にパレスチナ人の出入りが禁止され、ガザ地区は完全に切り捨てられた監獄となった。このイスラエルによる「一方的撤退」と呼ばれた政策は、ガザ地区はもはやイスラエルの占領下にはないというプロパガンダのために、当時のシャロン首相の強いイニシアチブで行なわれた。それによって、「入植地を返還し占領を終わらせたにもかかわらず、経済的に自立できないのもテロがやまないのも、パレスチナ自治政府が無能だからであり、パレスチナ人の自業自得なのだ」というレトリックを成立させ、それによってむしろ西岸地区の入植政策の維持強化、隔離壁(分離壁)建設の促進を正当化することが画策された(本書第三章三節・六節を参照)。

すなわち、ガザ地区と西岸地区とは、それぞれ異なるやり方で占領が継続されつつも、その占領政策の違いは相互に密接に関係するかたちで決定・実施されていたのであった。ガザ地区に対する封鎖政策が西岸地区の占領政策を促進するテコになっているという意味でも、「取るに足らない」とされるガザ地区にこそロイが注目するのは、必然的なのだ。

こうしたイスラエルの占領政策およびそれに有効な対策をとれなかったファタハを中心とするパレ

スチナ自治政府に対する不満から、二〇〇六年のパレスチナ総選挙で民衆は、和平プロセス自体を根本的に批判するハマースに政権を託した。その選択をしたパレスチナ民衆に対し、イスラエルは集団懲罰を実施。公正な選挙によって政権交代を成し遂げたハマース政府を承認せず政治交渉をボイコットするかたわら、建築資材などはもとより、食糧や医薬品などまでガザ地区への搬入を制限した。これによって私たちは、「ハマースはガザ地区だけで支持」されており、ハマースの政権奪取後に「それへの懲罰として封鎖が始まった」という、二つの錯覚をもちがちであるが、どちらも根本的な誤りである。実際にはガザ地区は、これまで見てきたように九〇年代から封鎖の過程におかれ、二〇〇〇年や〇五年などにぐっと締め付けを強化されてきた。そしてハマースは、そうした状況を眼前にしてなお自治政府が、イスラエルや欧米諸国との関係維持による保身に走っていることに対する批判票として、西岸地区でも広い支持を集め選挙に勝利したのだった。

ともあれ、ハマース政権誕生以降のさまざまな問題については、ロイによる詳細な分析が本論で展開されるため、ガザ地区の歴史の整理もここまでとしよう。

2 サラ・ロイとその仕事について

サラ・ロイは、戦後にアメリカ合衆国へ移住したポーランド出身のユダヤ人の両親のもとに生まれた、ユダヤ系のアメリカ人、あるいはアメリカ在住のユダヤ人である。ホロコーストを体験することとなった両親の家系について、そして両親から受けた教育については、本書第二部でロイ自身が詳細に述べているが、両親がともにナチスによる強制収容所の生き残りであり、とりわけ父親が絶滅収容所からの稀有な生存者であったという事情から、「ユダヤ人でありながら」さらには「ホロコーストの苦難を熟知しておきながら」、そのうえでイスラエルのパレスチナ占領を痛烈に批判する研究者である、というふうに形容されることが少なくない。この背景には、ヨーロッパでユダヤ人はホロコーストに遭ったからユダヤ人国家であるイスラエルが必要だという認識、ひいてはユダヤ人はみなイスラエル支持者であるという認識があるだろう。「それにもかかわらず」、ロイはイスラエル批判をしている、と。

また日本語圏においてはとりわけ、本書刊行以前に翻訳されていたのが「ホロコーストとともに生きる――ホロコースト・サヴァイヴァーの子供の旅路」（岡真理訳、『みすず』二〇〇五年三月号）のみであったため、どうしてもそうした側面は強い。

しかし、何よりも強調されるべきは、ロイが『ガザ回廊――反開発の政治経済学』(Sara Roy, *The Gaza Strip: The Political Economy of De-Development*, Institute for Palestine Studies, 1995, 2nd ed. 2001／以下参照の際は *GS* と略）という、ガザ占領の総体を分析した世界でも唯一の信頼のおける研究書を刊行し、高く評価されているという事実だ。ロイは、ホロコースト生存者の子どもとして有名になったのではなく、まともな統計データさえも整備されていなかった（イスラエル政府はもとよりパレスチナ側も海外ＮＧＯもデータをもっていない、あるいは公開しなかった）状況で、手探りで研究調査を開始し、そして占領地の実態を正確に把握するのみならず、イスラエル政府によるガザ地区支配の政策意図、さらにはそれをテコとしたヨルダン川西岸地区をも含めた占領政策全体の意図にまで綿密な分析を加えた。

しかもこの著書の元となるロイの博士論文は、第一次インティファーダ前の一九八五年に着手され、インティファーダ開始後の八八年にいったんまとめられた。そしてさらに調査が継続され、九三年のオスロ合意直後の一九九四年に研究書として完成したものが『ガザ回廊』である。九五年に初版が刊行されるや、世界がまだ「パレスチナ独立」を謳った和平プロセスが空手形であることに気がつかず、その夢にまどろんでいるなかで、ロイがすでに冷徹な覚めた眼差しで、和平プロセスが別のかたちでの占領支配の強化であることを見抜いていたことに、読者は驚かされることになる。次節で詳細に紹介するように、綿密な歴史的背景の理解と、詳細な数字データの蓄積と、そしてそれらに対する徹底した政治経済学水準での分析とによって、生ぬるい和平への期待など欺瞞であるどころか、イスラエルによる巧妙な罠であることが、反駁しようのないかたちで論証されたのである。オスロ合意からわずか一年後の時点での分析である。

その後世界は、二〇〇〇年の第二次インティファーダ開始までの七年間を「和平プロセス」が成立していた期間とみなし、インティファーダによってパレスチナ側がそれを最初に放棄したと断じた。その観点からすると、和平プロセスはそれ自体に問題があったのではなく、試み半ばで挫折したものとされ、再びその路線に戻ることが和平への正しい道であるとされた。だがロイからすれば、それは和平プロセスの出発点であるオスロ合意の認識から間違っていることになる。最初から和平プロセスは、パレスチナの独立を推し進めるものではなく、それを不可能にするためのものであり、にもかかわらず表面的に独立を謳ったことと、内部矛盾をきたしていた。したがって、矛盾の爆発は、ロイからすれば必然的であったと言える。

実際、ロイの『ガザ回廊』は、年を追うごとにその分析と論証の正しさが証明されていき、次第にガザ地区問題に関して唯一信頼できる必読文献としての地位を獲得していくこととなった。

そうしてロイは、二〇〇一年に同書の増補第二版を刊行する。増補したのは、巻末に付された長文の一章「オスロ以後のパレスチナ経済——終わりなき反開発」であり、オスロ和平プロセス下の七年間の問題を総ざらいしたものである。特筆すべきは、この増補された章が書かれたのが、二〇〇〇年七月のことであった点だ。すなわち、二〇〇〇年九月に当時のリクード党首アリエル・シャロンがアル＝アクサー・モスクの隣接する「神殿の丘」（ハラム・アッシャリーフというイスラームの聖地でもある）を強行訪問することでパレスチナ人の抗議行動を意図的に誘発し、それを用意周到に弾圧することで第二次インティファーダにいたる抵抗の激化に火をつけた、そのわずか二カ月前に、ロイはこの章を書きあげ、翌年に増補第二版を刊行したのであった。この補章の内容紹介も次節に譲るが、内容の鋭さ・適切さだけでなく、ここぞというタイミングを逃さずに書いていることもまた、ロイの分析力の高さを証明していると言える。

そもそもが単行本として書き下ろされた『ガザ回廊』では、ロイのそうした機敏さは目立ちにくいが、それ以外にロイは大小のジャーナルに積極的に時事分析の文章を発表しつづけている。本書の第一部第一章として全訳した「もしガザが陥落すれば……」（"If Gaza falls..."）はそうした文章の極致のようなものである。昨年末の一二月二七日にイスラエルはガザ攻撃を開始したが、同文章はそのわずか一週間ほど前に書き終えたものであった。『ロンドン・レヴュー・オヴ・ブックス』〇九年一月一日号のために書き下ろされたものだが、こうした雑誌のつねで、刊行日付よりも一週間ほど早く発売されており、そこから転載されたもののなかでももっとも早いものでは〇八年一二月二六日という日付が確認できる。イスラエルによる二七日の突然の空爆開始のわずか一日前だ。その文脈や意義については本章の最後により詳しく触れたい。

ロイがその時局の節目節目に発表した時事的な文章を集大成したものが、二〇〇六年に刊行した論文集『破綻する和平——ガザとパレスチナ‐イスラエル紛争』(Sara Roy, *Failing Peace: Gaza and the Palestinian-Israeli Conflict*, Pluto Press, 2006) だ。同書では、第一部に先述の「ホロコーストとともに生きる」を収録するなど、ユダヤ教とイスラエル国家との関係や自身の文化背景を論じ、第二部以降では、時系列的に第一次インティファーダ期、オスロ合意期、第二次インティファーダ期、ガザ撤退期に分けて、主要な論考が配列されている。『ガザ回廊』と併せて、この二冊でもってロイの主要な仕事を概観することができる。

3　サラ・ロイ『ガザ回廊——反開発の政治経済学』の内容

i　第一部「歴史」

次に、先に触れた記念碑的書物『ガザ回廊——反開発の政治経済学』の具体的な内容紹介に移ろう。

第一部はガザ地方の概説および歴史となっており、第一次世界大戦末期からイギリス委任統治期のガザ地方の経済発展(一九一七‐四八年)、イスラエル建国後から第三次中東戦争による占領までのエジプト統治期の経済構造(四八‐六七年)、第三次中東戦争から第一次インティファーダ開始までのイスラエルによる占領体制（六七－八七年）に区分して論じられている。

　イギリス委任統治期にはイギリスの管理下で急増したユダヤ人移民主導による資本主義経済の急速な発展が見られ、その影響によって先住アラブ人の経済活動も大きな変容を被った。最終的に「ユダヤ人国家」建設を目指すシオニズム運動の流れで移民・入植したユダヤ人たちは、既存のアラブ社会経済に入り込むことや融合することは拒否し、あくまで独自の経済圏の確立を試みた。当然アラブ人口のほうが圧倒的に多く、ほとんどの土地もアラブ人の所有であったにもかかわらず、委任統治政府もシオニストの自治に正当性を認めた。現実的には、ユダヤ人資本家の多くは安価なアラブ人労働力に依拠しがちであったが、シオニズムの理念としては、純粋にユダヤ人だけの国家である以上、欲しているのはアラブの土地のみであって、そこに住んでいるアラブの人びとは不要であった。その点でシオニズムは通常の植民地主義的搾取とは異なっていた。（G.S, pp.41-42）

　このことが既存のアラブ社会経済にいびつな影響をもたらした（とりわけ、商工業の発展していたパレスチナの北部・中部と異なり、農業中心であった南部において）。自給的経済から市場経済に変化していくと、商品の購入や税金の支払い、借金の返済といった場面で貨幣が大きな役割を果たし、ほとんどが農業関係で働いていたガザ地方の人びとは、賃金労働に従事するようになる。またそれでも職を見つけられない人や支払いに不足する人は土地を売るしかなかった。そうした土地の多くはユダヤ人に転売され、伝統的なアラブの農村が解体されていった。（G.S, p.44）

こうしてガザ地方では、一方で急速に発展していく新しいユダヤ人の資本主義的経済社会と、他方で解体されながら部分的に商品化されていくアラブ人の経済社会とが、限定的かつ対等でないかたちでしか接点をもたない二重構造をなしていった。しかも、前者の成功が後者の犠牲のうえに成り立っており、統計数字の上では、資本主義化と人口増加によって、アラブ人の経済活動も拡大していたと言えるが、全体としては不均等な発展を示していた。これをロイは、「低開発（underdevelopment）」の問題の発生であると指摘している。（G.S, pp.51-54）

次のエジプト統治期（四八－六七年）は大きく二つの時期に分けられる。第一次中東戦争によってイスラエル軍がガザ方面においても占領地域を拡大し、四九年に停戦協定を結んだことによって、現在の狭いガザ地区の範囲が確定するとともに、大量のパレスチナ難民が周辺の農村を追われそのガザ地区のなかに流入した（元の住民七万人に対して難民がその三倍以上の二〇数万人）。停戦以降もエジプト軍とイスラエル軍とのあいだでは散発的に戦闘が継続し、イギリス・フランス両国によるスエズ侵攻と重なるように五六年に第二次中東戦争に突入、イスラエル軍はガザ地区内部を経てシナイ半島へと進軍した。そして翌五七年にイスラエル軍が撤収するまでが、エジプト統治期の前半とされる。このかん、エジプト政府はガザ地区の政治経済を自国から切り離したまま主要な役割を果たさず（法的関係も明確にせず）、混乱を極めるガザ地区の経済生活に対してはもっぱらＵＮＲＷＡ（国連パレスチナ難民救済事業機関）が対処していた。またイスラエル軍がガザ地区を全面占領下においた約四カ月間は、そのUNRWAの事業さえも停止・破壊され、経済状態は悪化した。ロイはそこに六七年以降の再占領期における「反開発（de-development）」の兆しを見てとっている。（G.S, pp.73-77）

イスラエル軍がガザ地区から撤収した五七年から再度イスラエル軍がガザ地区を占領する第三次中東戦争（六七年）までの一〇年間には、エジプト政府は比較的ガザ地区へ関与する姿勢を見せていたが、大量のパレスチナ難民を政治的にエジプトに受け入れるのを拒絶するために、経済統合についても明確に拒絶していた（G.S, p.85）。いくつかの開発計画が実施されたものの、ガザ地区の土地の狭隘さと資源の乏しさ、それに不釣り合いな人口の多さは、エジプトがガザ地区を隔離している以上、どのようにしても克服しようがなく、経済発展はあらかじめ制約されているも同然で、六七年のイスラエルによる再占領前夜までガザ経済はきわめて脆弱で低開発状態のままであった（G.S, p.92）。

六七年の第三次中東戦争でイスラエルはヨルダン川西岸地区とガザ地区をともに全面占領下におき、パレスチナ全土を実質支配することとなった。占領そのものは現在も継続しているが、八七年に開始された第一次インティファーダまでとそれ以降とで占領政策に大きな転換があり、そこで時代区分される（六七－八七年／八七年－現在）。

ここからが本書の核心となる。ロイはパレスチナにおける「開発（development）」の問題に関して、いわゆる「低開発（underdevelopment）」と、開発を根本的に阻害する「反開発（de-development）」とを理論的に明確に区別する。「反開発とは、強大な力でもって、意図的かつ計画的に既存の経済を破壊することであり、それは、低開発が歪んだかたちであれ一定の経済発展を許容しているのとは対照的であり、質的に異なる」（G.S, p.4）。

従来の代表的な理論である近代化論および従属理論が扱えるのは、せいぜい低開発問題までであり、第三世界の後進性や先進国による搾取が主たる分析となる。だがそれでは、イスラエルによるパレスチナ占領を分析するには不適切であるとロイは言う。第一にそれは、先述のように、シオニズムによる入植政策が、一般的な植民地主義とは質的に異なることに起因する。すなわちパレスチナの被占領地は、近代化論と従属理論に特徴的な「中心－周縁」関係における「周縁」としての第三世界でもないのだ。一般の第三世界に対する植民地主義的搾取論では、その地における住民の潜在的な生産力を活用して利潤を発生させることを目的としているが、それに対してシオニズムが目指すのは純粋なユダヤ人国家であり、パレスチナの土地は欲しくともパレスチナ人は消滅してほしいと願っている。過渡的に労働力として パレスチナ人を利用することはあっても、それはパレスチナ人の生産力を高めるためではけっしてない。イスラエルにとってパレスチナ占領地とは、主権国家ではないのはもちろん、主権国家となりゆく一切の生産的要素（民族主義も自立経済も文化活動も）が周到に否定されるべき場所なのである。（G.S, pp.123-128）

イスラエルがガザ地区に対して行なっている「反開発」政策を特徴づけるのは、ロイによると以下の三つの要素に整理される。①収奪と追放、②統合と外部化、③非組織化。収奪と追放というのは、土地や水などの資源を奪い取ること、そしてそれに抵抗する力を潰すことだ。統合と外部化というのは、ガザ地区の住民がガザ地区内部で労働できないようにし、イスラエル側で労働するか、周辺アラブ諸国に出て労働するか、どちらかに追い込むことだ。非組織化というのは、前述の二者の論理的帰結でもあるが、ガザ地区における組織的な開発に対する攻撃を意味する。すなわち、ガザ内外の公的・私的を問わない各組織が手をつなぎガザ経済の発展に向けて協力するのを阻止すること、そしてもう一方でさまざまな制約で縛り衰退させることだ。（G.S, pp.130-131）

ロイは上記の反開発の三要素について、その後の三章を使ってそれぞれ一章を割き、かなり詳細かつ具体的に分析を加え論証しているが、ここではこれ以上の紹介は控える。

iii 第三部「継続する経済混乱」

第三部は一九八七年の第一次インティファーダおよび九一－九二年の湾岸戦争を受けた、イスラエルによる反開発の変容を扱っている。「インティファーダ」すなわちパレスチナ民衆による組織的な抵抗運動は、占領史上かつてない広がりと持続を見せたため、イスラエル側の弾圧も熾烈を極めた。武力による鎮圧だけでなく、封鎖、外出禁止令、磁気登録のIDカードの導入は経済生活を根本的に破壊するものとなった。そしてそれらの政策のいずれもが、とりわけガザ地区を標的にしたものであった。地域によっては外出禁止が一年のうちの一〇〇日から一五〇日にも達し、それだけ労働日数が減り、現金収入の減少につながった。磁気登録式の新しいIDカードはガザ住民に対してのみ導入され、それによってイスラエル側への労働許可が厳密に管理され（犯罪歴や税金滞納がチェックされ）、インティファーダ以前に比べて許可が出た労働日数は半分から三分の一にまで減らされた。その結果、ガザ住民一人当たりのGNPは約四〇パーセントも減少し、平均の収入が貧困ラインを割り込んだ。その他、経済活動のひとつひとつに対する許認可制を導入し、税金や罰金を引き上げたことなども、家計には大きく響いた。総じてインティファーダ開始から湾岸戦争までの期間で、ガザ地区の経済活動は停滞し、賃金収入のイスラエル側への依存は深まり、しかし労働許可が絞られたことで、貧困化

に拍車がかかった。(G.S, pp.295-301)

これに追い打ちをかけたのが九〇－九一年の湾岸戦争であった。当時八〇万人ものパレスチナ人が湾岸諸国（とくにクウェートとサウジアラビア）で働いており、そのうち一六万五千人が被占領地出身者、三万人が被占領地に住民登録を残したままの出稼ぎ労働者であった。そうしたパレスチナ人労働者による送金はインティファーダ前でさえGNPの一〇パーセントを占めていたが、インティファーダによる経済的打撃によってその比率は一五パーセントにまで上昇していた。その大半が、戦争で職を失ったり、送金ができなくなったりして、失われてしまった。それに加えて、湾岸諸国（クウェート、サウジアラビア、アラブ首長国連邦など）からパレスチナ解放機構（PLO）に対して支払われてきた直接援助金のほとんどが、PLOがイラクを支持したために、停止されてしまった。これらの援助金は被占領地で使われていたが、これによってPLOは破産状態となった。(G.S, p.311)

そして最後の一撃となったのが、一九九三年三月からとられた、ガザ地区・西岸地区の両占領地の封鎖、すなわちイスラエルでの労働許可の全面停止であった。この封鎖措置は同年九月のオスロ合意の直後まで半年以上にわたって継続された。これは前例のない大規模かつ長期の封鎖であった。とりわけイスラエル依存を深めていたガザ地区の疲弊は極限に達し、この時期はUNRWAによる緊急特別支援に頼るしかない状態になっていた。(G.S, pp.312-313)

しかしこの封鎖措置は、むしろオスロ合意（およびガザ・ジェリコ先行自治協定）への地ならしであったとロイは指摘する。「この長期封鎖という状況は、所得に関するガザ地区の全面的なイスラエル依存とあいまって、占領地の政治権限を新しいパレスチナ自治政府へと委譲する用意をまさにしていたイスラエルに対し、パレスチナが依存をいっそう深めることとなった。一九九三年九月にイスラエルとPLOとのあいだで調印されたガザ・ジェリコ協定に定められた権限委譲は、限定された自治、およびガザとイスラエルの政治的分離を約束するものだった」(*GS*, p.316)、と。だが果たしてそうだろうかと、ロイはもちろん続ける。その詳細は次に移る。

iv　第四部「未来の姿」

第四部は、初版の終章として一九九四年に書かれた「ガザ・ジェリコ協定——反開発の終焉か?」、および、第二版への増補として二〇〇〇年に書かれた「オスロ以後のパレスチナ経済——終わりなき反開発」の二章からなる。

九四年の終章でロイは、ガザ・ジェリコ協定が、実のところ、経済の側面においては、自治を与えるどころか、いっそうガザをイスラエルに依存させるものであることを指摘する。この特殊な和平合意では、土地の返還が定められたのではなく、逆にイスラエル支配のもとで土地を「共有」するとされており、イスラエルに依存している経済制度についても根本的な変革、すなわち将来的な国家につながるような独自の経済の発展はあらかじめ排除されている。そこでイスラエルが意図したのは、ガザ経済を別のかたちで取り込むことだという。それをロイは、別の人の比喩を借りて、「政治面での離婚、経済面での結婚のコンビネーション」と表現した。ガザ・ジェリコ協定のもとで約束された程度のわずかな自治では、反開発の状態は終わらせることなどできない。土地や水などの資源の配分権をイスラエル側が握り、外部の資本や市場へのアクセスもまたイスラエルが握っており、そしてパレスチナの主権、外交、治安もまたイスラエルが握ったままである以上、先に挙げた反開発の三要素、①収奪と追放、②統合と外部化、③非組織化は、継続されるしかない。イスラエルによる支配はやや直接的でなくなったものの、弱まってはいないのだ。（*GS*, pp.324-330）

増補部分が書かれたのは、いわゆる和平プロセスの七年間（一九九三‐二〇〇〇年）を経たところであり、第二次インティファーダの勃発で和平プロセスの破綻が誰の目にも明らかになる直前の微妙なタイミングであった。このかんにあった大きな出来事としては、九五年に結ばれた暫定自治拡大協定いわゆる「オスロⅡ」である。これが定めたのは、たんなる自治の範囲の拡大ではなく、行政権と治安権がともにパレスチナ側にあるA地区、行政権のみのB地区、どちらもイスラエルが握るC地区という区分であった**【地図2】**。このことが意味したのは、土地の細分化とイスラエルの支配の綿密化であったことにロイは注意を喚起する。二〇〇〇年までに徐々にA地区の範囲が拡大されたとはいえ、それでも治安権をイスラエルがもつB・C地区の合計は八三パーセントに達しており、しかもA

地区も主要都市の中心部に限定され、飛び地のように存在しているにすぎない。さらに、イスラエルの入植地、入植者用バイパス道路網、軍事基地、軍事検問所などによってパレスチナ人の都市の周りの土地が切り取られ、細分化され、囲い込まれている【地図4-a・4-b】。これは事実上イスラエルがパレスチナ全土を効率的に支配できるシステムの確立であるとロイは指摘する。(G.S, pp.339-340)

もうひとつ、和平プロセスのあいだに精緻化したのは封鎖政策だ。ロイは封鎖を三つのレベルに区分する。①一般的封鎖、②全面的封鎖、③内的封鎖の三つだ。一般的封鎖というのは、常設の検問所で労働者や商品などの移動を一定制限することを指す。全面的封鎖というのは、占領地とイスラエルとのあいだ、占領地と海外とのあいだでの移動を、一切禁止することを指す。オスロⅡによって新しい問題として加わったのが内的封鎖である。これは小さな街、村、地区の単位で封鎖し、移動を禁止することを指す。一九九六年以降、占領地からエルサレムやイスラエル側に入る許可を取得するのがひじょうに困難になり、とりわけガザ地区と西岸地区とのあいだの往来が著しく制限されるようになった(全面封鎖)。これに加えてオスロⅡによる土地の細分化(内的封鎖)がパレスチナ人にもたらした影響は甚大であった。農業生産物や工業生産物の出荷、取引に支障をきたし、最初のオスロ合意前の九二年からオスロⅡ後の九六年のあいだに、西岸地区とガザ地区のGNPは約二〇パーセントも減少している。ロイはほかに、九〇年代のGDPや収入や失業率などの数値を細かに提示しつつ、和平プロセス下でいかに貧困が悪化していったのかを論証している。(G.S, pp.352-364)

ロイの結語を引いておこう。「オスロ和平のように尊厳を否定した和平が秩序をもたらすことはない。継続する不正義が安定をもたらすこともない。悲劇的なことに、ガザ地区と西岸地区にはその両方が蔓延しているのだ」（GS, p.377）。この増補を書いたのが二〇〇〇年七月のこと。それからわずか二カ月後には、第二次インティファーダと呼ばれる、（先述のようにシャロンに誘発されたとはいえ）パレスチナ人のフラストレーションの爆発があり、それに対するイスラエル軍による容赦のない軍事侵攻が展開された。ロイの指摘の適確さはあらためて言うまでもないだろう。

4　『ガザ回廊』増補版以降のロイの分析

i　ガザ撤退以前

『ガザ回廊』第二版刊行から二〇〇八年末からのガザ戦争とのあいだのロイの仕事を見るときに、もっとも大きな問題としては、〇五年のガザ撤退をどう分析するのかがあるだろう。〇四年にシャロン首相（当時）が大きな政治戦略として打ち出したガザ撤退政策は翌年八月に実施されるまで、大きな論争を引き起こしていた。そうしたなかでロイが〇四年七月の段階で開催されたシンポジウムで発表した論考が、「イスラエル撤退のもとでガザ回廊を開発する」だ（Sara Roy, "Developing the Gaza Strip in the Event of Israel's Disengagement: Possibilities and Constraints", in Michael Keating, Anne Le More, Robert Lowe (ed.), *Aid, Diplomacy and Facts on the Ground: The Case of Palestine*, Chatham House, 2005）。

この時点ですでに懸念されることをまずロイは列挙する。

・イスラエルがガザ地区の陸海空の境界を支配しつづけ、全面的に治安管理を維持する。
・イスラエルでの労働許可数は減らされる。貿易もイスラエルがすべて管理する。
・ヨルダン川西岸地区での隔離壁建設が加速され、パレスチナの土地の細分化が徹底される。
・ガザ地区の電気、水道、ガス、通信も引き続きイスラエルが管理する。
・ガザ地区におけるパレスチナの指導者の不在およびパレスチナ自治政府の弱体化が、無法状態と貧困状態を悪化させる。

などだ（ibid. pp.204-206）。こうして「一方的撤退」政策は、ガザ地区に自由と独立をもたらすのではなく、むしろ反対に、抑圧、隔離、ゲットー化を強め、西岸地区では土地の収奪と併合が進み、入植地拡大も継続するとロイは予想する。オスロ合意のときと同様に、占領の終結という宣伝とは裏腹に、占領はかたちを変えて強化されていくだろう、と（ibid. p.201）。

　そしてロイは、もちろんそうならないための必要最低限の提言も加えている。それは端的に移動の自由だ。人（労働者）と物（商品）がイスラエル側の境界、エジプト側の境界を越えて、自由に外部にアクセスできること。空港や港の再建も必須だ。そして、その実現のために国際社会・援助国政府が働きかけをすることを重視している。もしそれがなければ、オスロ合意のときと同じ過ちを繰り返すだろう、と。（ibid. pp.208-211）

ii　ガザ撤退以後

次に紹介するのは、ガザ撤退が行なわれた直後二〇〇五年一一月に書かれた文章「地中海のドバイ」だ（Sara Roy, "A Dubai on the Mediterranean," in *London Review of Books*, 3 Nov. 2005, のちに前掲Sara Roy, *Failing Peace*に収録。以下、引用は*Failing Peace*の頁数）。ロイ本人から、本書編訳にあたって、同論考の翻訳収録を助言されたが、紙幅や章立ての都合からそれは断念し、ここで内容紹介をすることで補う。このタイトルは、アメリカのジャーナリスト、トーマス・フリードマン［ニューヨーク・タイムスのコラムニストで、中東の専門家］がガザ撤退をチャンスとして評価した発言——湾岸のドバイのようなミニ国家を建設、繁栄して、地中海のドバイになれるかどうか——から、皮肉を込めて引いたものだ。すなわち、この「撤退」によって、その成否の責任はパレスチナ人の努力に帰せられる、民主的なミニ国家ができなかったとしたらパレスチナ人側だけが悪いということになる、というわけだ。ロイはこうした論理に真っ向から反対する。

まずは歴史を直視しなければならない。

この［第二次インティファーダからの］五年間でイスラエルによってもたらされた破壊は、パレスチナに、とりわけガザ地区に破滅をもたらした——家屋、学校、道路、工場、病院、モスク、ビニールハウスなどは破壊され、畑は荒らされ、樹木は引き抜かれた。イスラエルによる検問所とロードブロック［鉄柵や、土塁などの物理的障壁によって、車の通行を阻むもの］によって住民は閉じ込められ、教育や医療の機会を奪われたのだ。しかしこうした徹底的な破壊が実は最近のことではないということを知るには、第二次インティファーダの起きる前夜までのガザ経済を見ればよい。そのときまでにすでに、イスラエルによる封鎖政策は［一九九三年から］七年間も続いており、失業率と貧困はかつてないほど悪化した（それもすぐに最悪を更新するだろう）。しかも、この封鎖政策がここまで破壊的効果をもったのは、それに先立つこと三〇年にもわたってガザ経済がイスラエル経済へ統合され、地域経済の従属化がすでに深まっていたからだ。（ibid. p.313）

もはやガザ地区は、実質的な経済活動が成り立つ余地のない監獄と化していたのだ。経済発展の条件がすでにないところで、この「ガザ撤退」計画には、さらに徹底してガザ地区をフェンスで囲い込むことが盛り込まれている。ドバイ発言がいかに荒唐無稽かがわかるだろう。

さらにロイは、このガザ撤退計画が、ヨルダン川西岸地区におけるイスラエルの入植地の拡張、入植者の便宜をはかるバイパス、トンネルなどの建設促進、隔離壁による土地の併合、東エルサレムの孤立化、西岸地区内部の地域の細分化とワンセットになって進められていることに注意を促している。しかも、「正式な土地の併合があからさまにかつ公的に進められるというのは初めてのこと」として、新しい局面に入ったことを指摘している。(ibid. pp.315-316)

もう一点ロイが注意を喚起しているのは、ガザ撤退計画が進むにつれて、「占領」という言葉が意図的に使われなくなってきていることだ。一方でガザ撤退そのものが、イスラエルが「ガザ地区の占領者」ではもはやないというアピールのためであるのと同時に、他方で西岸地区についてもイスラエルが全面的な支配権をもっているということを国際社会に暗黙に受け入れさせようとしているというわけだ。(ibid. p.317)

この問題に関連して、こうしたイスラエルの真意をパレスチナ自治政府も国際社会・援助国も認識できていないとロイは指摘する。ガザ撤退は占領終結に向けたステップであると思い込んでおり、それゆえにガザ撤退そのものを批判することができないのだ。とりわけ国際社会は、こうして再びオスロ合意のときと同様に、占領の問題に向き合うことができないという失敗を繰り返していると言える(ibid. p.318)。またパレスチナ自治政府は、イスラエルによる妨害と自らの腐敗および失敗によって、政治的にまったく無力になっている。すでにここにハマースが台頭する兆候をロイは読み取っているのだ（ibid. p.321）。実際、その翌年である〇六年はじめのパレスチナ総選挙でハマースが勝利することとなる。

5 「もしガザが陥落すれば……」の文脈

そして最後に、本書第一部第一章に収録した「もしガザが陥落すれば……」の文脈を紹介しておく。先にも述べたように、この文章は、昨年末のイスラエルによるガザ攻撃開始のわずか一週間ほど前に書かれたものだ。ウェブ掲載されたもので二〇〇八年一二月二六日という日付が確認できるが、それは空爆開始の前日にあたる。

「ガザ撤退」政策以降の流れを再確認すると、この政策が「一方的」であったことがいっそうパレスチナ自治政府の存在意義を薄めてしまい、結果として〇六年一月のパレスチナ総選挙でのハマース勝利につながっている。国際監視団の入った公正な民主的選挙による政権交代であったにもかかわらず、即座にイスラエルと欧米諸国と日本は、ハマース政権のボイコットを決め、圧力によってハマースを屈服させようとし対決姿勢を強めた。封鎖の度合いはさらに強まり、集団懲罰とばかりに日常生活品や基本的食糧までが〇六年からすでに制限されはじめ、〇八年一月からは医療品や援助品も含めて全面的に物資搬入を禁止した。同月末にはついにガザ地区の各組織が協力してエジプト側の壁を爆破し、大量の住民が一斉にエジプト側に流入し食糧の買い出しに走るという前代未聞の事態が発生し、累計で七〇万人以上の住民が一時的に越境したとみられている。すなわち、ガザ地区はこの時点で限界を突破した極限状況に陥っていたわけだ。

そのほかにも、イスラエルは〇六年と〇七年を通して、ガザ地区への軍事侵攻、超法規的暗殺作戦を継続し、それにともなう一般住民の巻き添えの死傷者を大規模に発生させていた。またイスラエルとアメリカは選挙に敗れたファタハ側に公然と武器や資金を供与し、ハマースと衝突するように促した結果、両陣営による内紛は凄惨なものとなり、その死傷者の数はイスラエル軍による攻撃にも匹敵する規模になった。

総じて、「ガザ撤退」とハマース政権誕生以降のガザ地区は、三年ほどのあいだ、上記のような包囲攻撃状態におかれていた。そしてロイが「もしガザが陥落すれば……」で触れたような〇八年の状況へと至る。

これまで見てきたように、ロイの発言は、つねにそのタイミングと適確さにおいて際立っており、一研究者としての自負を超える責務を果たしているように見える。すなわち、日本の研究者も含めて多くの中東研究者たちが、ガザ撤退以降の状況に沈黙してきたためにロイの発言が突出していたのだ。多くの研究者たちは分析能力に欠けるのか倫理に欠けるのか、あるいは政治的になることを避けているのか（沈黙によってイスラエルの占領を容認することも充分に政治的だと思うが）。ともあれ、ロイが、事後的にしたり顔で解説を加えたり、慌てふためくような研究者などとは一線を画して、あえてリスクを冒してでも然るべきタイミングで踏み込んだ発言をしていることを確認するうえでも、「もしガザが陥落すれば……」を第一部の冒頭におくことにした。

序章・補遺——サラ・ロイ『ガザ回廊』の意義と報道現場

小田切拓

世界的に見ても、最近のパレスチナ報道には「５Ｗ（When, Where, Who, Why, What）１Ｈ（How）」の大原則のうち「Why」、つまり「原因・理由」の欠落が著しい。一定の水準を超えた「仮説」が設定されることもまずない。そのため「結果」が示されることも、「結論」が導き出されることもないままに、記事が一人歩きする。

たとえば、いつごろガザ地区の主要道路が拡幅され、その目的がなんであったのか、現地住民は周知のごとく語る。そして記憶を辿りながら、その日のことを訴える。が、取材者としては、これでは報道のしようがない。一方でインタビューのみをよりどころに報じ、責任をしゃべり手に全てかぶせてしまう、こうした記事が目立つのも確かであるが、それはイスラエルによる徹底したシオニズム的ロジックの前では、ひとたまりもなく駆逐されてしまう（圧力を加えるに足ると、彼らが考えた場合にであるが）。

「私が一四歳のとき、海まで続く街の目抜き通りが、突然いまのように広くなったんです。その後は、イスラエルの軍事車両が、街の奥まで、あっというまに入ってくるようになったんです。」

取材をするなかで、以上のような話を実際に何度も聞いた。こうした話にこそ、実は占領の実態があるはずなのは確かであったが、裏づけを取るためにUNRWA職員に尋ねても、「それは一九七〇年代にイスラエル軍が、パレスチナ人の管理を徹底するために行なった、と聞いている」というような答えは返ってきても、然るべき文書は出てこなかった。おそらくUNRWAの事務所には保管されているのであろうが、占領が始まってからだけでも当時すでに三〇年以上の年月が経ち、スタッフの顔ぶれも変わっていたため、文書を提示することも、その取り扱いについて語ることも、難しくなっていたものと思われる。

そんな時に出会ったサラ・ロイの *The Gaza Strip*（『ガザ回廊』＝序章第三節参照）は、衝撃的なものであった。確認しようとしていた内容は、概ね同書で扱われていた。そして分析の適確さが、第二次インティファーダ期のガザで起こった事態の数々の理解に、道標を示してくれた。

なぜ、市場に野菜や果物はあるのに、朽ちて捨てられているのか。ガザ取材を始めた当初に、山のように積み上げられたイチゴを目にして感じたことを、ロイはその一五年以上前に注視していた。そして体系づけた。イスラエルによる統治が過酷であるからこそ、情報がなく実証も難しかったのがガザ地区であり、過酷であったからこそ、統治者の占領政策の真の狙いが集約されていた、というのは確かだろう。彼女は、ガザ地区から占領の全体像を喝破した。

たとえば、「レインボー作戦」という名で知られる、二〇〇四年にガザ地区最南端の町ラファにイスラエル軍が大規模侵攻を行なったさい、多くのエリアが瞬時に包囲されてしまった理由を知ろうにも、現場取材では不可能であった。しかしロイの著作によると、イスラエルによるガザ地区住民、特に抵抗の激しい南部における難民の懐柔と管理を進める政策の一環として、区画整備された難民のための新設居住区が設置され始めたのは、一九七〇年代初頭のことであった。ロイによって、シャロンが、軍事車両の侵入を容易にするために難民キャンプの道路を拡幅したことが明らかにされている。同じくシャロンによって設置が開始された、新設居住区内の道路の幅も五、六メートルはあり、碁盤の目状に走っている。また、入植地に隣接しているため、侵攻されやすい。入居に当たっては個人情報の提出が義務付けられた、と住民は語る。ロイの著作がなければ、こうした状況を、占領政策の歴史的プロセスから理解することはできなかった。

私は、『ガザ回廊』においてロイが引用した文献で、入手可能なものを原文で読むようになった。たとえばアリエル・シャロンの自伝『軍人』（Ariel Sharon, *Warrior: The Autobiography of Ariel Sharon*, Simon & Schuster, 1989）は、容易に手に入る書籍でありながら、シャロン自身の言葉として、イスラエルによって占領が開始された当時のガザにおける、残酷な統治手法が記されている。本書第三章のなかで紹介したが、入植地についての記述は、これ以上ないとさえ思える「名文」である。

ヨルダン川西岸地区に設置された隔離壁（分離壁）は、入植地の建設が始まった当初から、その拡大に深く関わってきたシャロンの、三〇年前からの計画の実現であったということは、二〇〇三年五月にイスラエルの最大紙『イデオット・アハロノート』で明らかにされている。西岸地区を「ブロック化」して（つまり複数のブロックに「断片化」し、飛び地の集まりとして固定化して）パレスチナの体力を弱めると同時に、重点箇所の併合を目的とした入植活動を、物理的に、そして国際社会に対して確固として提示したのが、隔離壁であった。

しかしながら、欧米の報道をみても、入植活動を歴史的観点から分析し、隔離壁の実態を解明しようというものは少ない。人道的な問題に過度に重点がおかれているうちに、イスラエルは隔離壁を、境界線の変更や、パレスチナ経済の完全なる掌握を実現する決め手として機能させてきた。

二〇〇二－〇三年、隔離壁とグリーンライン（イスラエルと占領地の境界線）に、工業団地の用地整備が始まった。これこそが、イスラエルによる経済支配の最終形とも考えられる政策であり、ロイの いう国際社会からの援助の変質を如実に物語る事業であった（本書第三章三節参照）。ある意味、対パレスチナ援助そのものが、本質的な部分で、「低効率」から「反効率」に転換した事態の意味を、ロイの示唆がなければ実例をもって解釈するのは不可能であった。そして、事態の理解など無意味であるかのように、援助は西岸地区の反開発に投入され、西岸地区経済の破壊が進められている。

すでにパレスチナ人には何が起こっているのか理解ができていないといっても過言ではないだろう。決定のほとんどが、パレスチナの外でなされている。だが、それを受け止めて対処する余力はもはやない。援助がパレスチナを破壊しているにせよ、まずは今日一日の生活を考えるしかない、という現実。

ロイと話をしていたときに、彼女が不満げに述べたことがある。パレスチナ自治区とイスラエルでは、講義をしたことがないというのだ。確かに、ガザ地区でさえロイの名前を聞くことはまずない。アメリカで開発学やパレスチナ問題を学ぶ学生を筆頭に、現地でも国連職員やNGO関係者、ジャーナリストに至るまで『ガザ回廊』を読んでいない者はほとんどいない。ところがパレスチナでは、ロイが日本での講演でも触れている、ガザで彼女を最初に案内した女性が経営していたホテルや、調査団体などに併設された比較的大きな図書室の片隅でしか、『ガザ回廊』は見かけない。シオニストを強く支持する関係者の場合、ロイを知らないことよりも、逆に、熟知した上で強く批判することが多いのであるが。

最後に、本書について多少解説をしておく。本書の主な内容である二〇〇九年三月に日本で行なわれたロイの講演のうち、「ガザ以前、ガザ以後」は、来日のために書き下ろされたものだ。〇八年一二月末に始まったイスラエルによるガザ攻撃時には、アメリカ内外から五〇以上の取材を受けたというロイは、その後の一カ月を講演の準備のために充て、日本で初めて、このガザ攻撃について学術的見解を発表した。

国内のマスコミは先のガザ侵攻においてさえ、イスラエルによる「占領」にほとんど言及せず、関係市民団体も、「攻撃の中止」を訴えるに留まる傾向が強かった。しかし、「占領」が続き、より強化されている以上、状況が整えば、イスラエルはいつでもガザ地区を同じような悲劇に貶めることは可能である。

中東における欧米のような負の歴史が、日本にはないとされる。一方、そうではないからこそ、中東が真摯に日本と向き合わない、という現実もある。われわれが努めるべきなのは、アメリカ偏重主義に基づく経済援助や経済力で中東に擦り寄り、時にはねじ伏せようとすることではなく、仲介者としてそこに関わることである。だからこそ欧米とは違った、中東にとって意義ある「日本」とは何かを自らに問い、その実現を急がねばならないのではないか。ロイが、彼女にしかできないことに挑んだように。

また日本政府が、ロイのいう「イスラエルによる統治を強化」する形で援助を行なっているという懸念についても、語られることは稀でもある。日本が援助を行なっているヨルダン渓谷は、ガザ地区と近い位置づけにある。過酷な統治が行なわれてきたために、現在に至るまで満足な学術文献がない。しかし日本政府は、〇五年に調査を開始して以来、十分な情報公開さえ行なわないという姿勢で一貫している。

日本の中東関係者、特にマスコミ関係者が、『ガザ回廊』はおろか、ロイの名前も知らない者がひじょうに多いことには驚かされる。本書と併せて、「和平プロセス」再考のために役立ててくれることを強く所望する。

サラ・ロイは、パレスチナについての学術研究や報道にフレーム・ワークを与えた。各局面を詳細に分析する示唆に富んだ論文は数多くあるが、占領全体の動きを、政治経済学的見地から定義した仕事、とくに経済的側面に踏み込んだものは限りなく少ない。イスラエルから一定以上の質を伴った情報を引き出しながら、現地で徹底したフィールド調査を行ない、反ユダヤ主義の圧力に抗しながら、とくにガザ地区という事例から占領政策全体に一つの方向性を提示する。世界においても彼女にしかできないであろうこの仕事をなしえたのは、彼女の出自、そして経歴があったからこそなのかもしれない。

ロイは、ガザ地区の調査を進めるうちにこの事実を自覚的に捉えたに違いない。だからこそガザ地区に二〇年以上の年月を投じ、今後もそこに立ち位置を構えるのだろう。

PART 1

もしガザが陥落すれば……

二〇〇八年一二月二六日

目的

ガザ地区に対する包囲攻撃が開始されたのは、一一月五日、つまりイスラエルがガザ地区内部に入って攻撃を仕掛けた翌日のことだった。そのときの攻撃では、間違いなく、その前の六月からイスラエルとハマースとのあいだで成立していた停戦を、ここで完全に壊してやろうということが目論まれていた。それ以前にも停戦違反は双方に見られたが、今度の侵攻は桁違いであった。ハマースはロケット弾をイスラエル側に撃ち込むことで応酬し、それ以来暴力は収まっていない。

イスラエルによる包囲攻撃には、基本的な目的が二つある。一つめは、ガザ地区のパレスチナ人たちが抱えているのはたんに人道問題だと、つまり彼らはただの物乞いで、政治的アイデンティティをもたず、それゆえ政治的主張もありえない、とみなされるように仕向けること。

二つめは、ガザ地区をエジプトへ無理に押しつけること。だからこそイスラエルは、ガザ地区とエジプトとをつなぐ数百本ものトンネル――その周囲では、非公認ながら次第に管理の行き届くようになった商業圏が姿を現しつつある――を大目に見ているのだ。ガザ地区の住民の圧倒的多数が貧困状態にあり、統計では失業率が四九・一パーセントに達している。安定雇用の見通しが、大半の住民から急速に奪われているのが現実だ。

一一月五日にイスラエル政府は、ガザ地区に出入りする道路すべてを封鎖した。食糧、医薬品、燃料、水道設備や公衆衛生設備の部品、肥料、ビニールシート、電話、紙類、接着剤、靴、さらにティーカップまでもが、搬入を完全に禁止されるか、あるいは著しく制限されている。オックスファム［Oxfam／イギリス発祥で途上国支援をする国際NGO］によると、一一月の一カ月間にわずかトラック一三七台分の食糧しかガザ地区に入ることが認められなかった。つまり、一日平均で四・六台のトラックがガザに入ったことになるが、他の時期と比較すると、前月の一〇月には一日平均で一二三台、［ハマースが政権を執る直前の］二〇〇五年一二月には一日平均五六四台が入っていた。

食糧

ガザ地区に食糧を配給している主要な二つの機関は、国連パレスチナ難民救済事業機関（U

NRWA）と国連世界食糧計画（WFP）である。UNRWAだけで、ガザ地区の約七五万人に食糧の配給をしており、それを日々継続するためには毎日トラック一五台分の食糧が必要である。しかし、一一月五日から三〇日までのあいだにガザ地区に入ることができたのは、わずか二三台のみで、これは必要な全体量の約六パーセントにすぎない。一一月三〇日の週にガザ地区に入ることのできたトラックは一二台で、必要とされる量の一一パーセントだった。さらに一一月には三日間ほどUNRWAに食糧の在庫がなくなってしまった日があったが、そのために配給を予定されていた六万人（一日二万人に配給）が食糧を手にできないという事態が生じた。UNRWAのガザ地区の責任者であるジョン・ギングによると、食糧支援を受けている人のほとんどが、必要な食糧のすべてをその支援に頼っている。封鎖の継続のために、とうとう一二月一八日には、UNRWAは緊急支援と通常支援の両方の食糧配給をすべて休止せざるをえなくなった。

WFPのほうも似たような問題をかかえており、二月はじめまでのガザ地区での必要量をカバーするはずだった一九〇台のトラックのうち、わずか三五台分しか食糧をガザに送り出せなかった（一一月三〇日から一二月六日までのあいだに六台の追加が認められたが）。これだけではない。WFPはガザに送れなかった食糧の倉庫代を払わなければならない。この費用は一一月一カ月間だけで二一万五千ドルにもなる。封鎖がさらに続けば、WFPは一二月分の倉庫代として、さらに余分に一五万ドルを支払わざるをえなくなる。このお金は、パレスチナ人を支援するためではなく、イスラエルの企業を儲けさせるために使われるのである。

ガザ地区のパン製造所の大半（四七カ所中三〇カ所）が、パン焼き用のガスを切らしてしまっているために、閉鎖に追い込まれてしまった。住民は、炊事のためには目につく燃料はどんなものでも使っている状態だ。国連食糧農業機関（FAO）が明らかにしたように、ボンベ式のガスは、ブロイラーの雛を孵化させるための暖をとるのに不可欠である。ガスと飼料の不足のために、養鶏業者は数十万羽もの雛鶏を処分せざるをえなくなった。FAOによれば、ガザ地区の人びとの七〇パーセントが、鶏肉を主要タンパク質源としているにもかかわらず、四月までには市場から鶏肉が完全に消えるという。

銀行

また銀行は、イスラエルが占領地への送金を制限しているために、一二月四日をもって閉鎖に追い込まれた。ある銀行のドアには次のような貼り紙がある。「現金が手に入らないために、パレスチナ自治政府財務省の決定で、当行は二〇〇八年一二月四日木曜日をもって閉鎖いたします。現金が入手でき次第、再開いたします。」

世界銀行は、送金制限が継続されればガザ地区の銀行制度は崩壊しかねない、と警告した。

もろもろの事業計画のための融資がすべて停止しており、UNRWAも最貧困層への助成金制度を一一月一九日でもって休止した。UNRWAはまた、紙・インク・接着剤がないために、教科書の制作も中止した。このことは、新年に学校に戻ってくる二〇万人の生徒らに影響を及ぼすことになる。イスラエルの国防大臣エフド・バラクは、パレスチナ自治政府のサラーム・ファイヤード首相からの要請を受けて、一二月一一日に二五〇〇万ドルを送金したが、この種の送金としては一〇月以来初めてのものであった。とはいえこの金額では、ガザ地区の公務員七万七千人のわずか一カ月分の給料をまかなうことさえもできない。

燃料

ガザ地区で唯一の発電所でも、一一月一三日には工業用のディーゼル燃料を使い果たしてしまい、発電を停止し、タービンが止められた。このためにタービンのバッテリー二個が切れてしまい、その一〇日ほど後に燃料が手に入ったときにはすでに動かない状態になってしまっていた。また、注文していたタービン用のスペア部品一〇〇個ほどが、八カ月ものあいだイスラエルの関税局の許可待ちで、アシュドッド港［テルアビブとガザ地区のあいだに位置するイスラエルの港【地図1】］に据え置かれている。税関で四五日以上が経過したことで、それらの部品はすでに競売にかけられているが、その売却代金はイスラエルの会計に入れられることになっている。

一一月三〇日の週になって、発電所向けのディーゼル燃料三九万四千リットルの搬入が認められたが、しかしこれは、イスラエルに課された一週間当たりの法的な搬入最低量の約一八パーセントでしかない。これだけでは一つのタービンを二日間稼働させたらおしまいで、発電所は再度停止することとなった。このガザの電力供給会社によると、ガザ地区のほぼ全域が毎日四時間から一二時間程度は停電となり、その間はどの時間帯をとってみても、最低六万五千人以上が電気のない状況におかれることになるという。

その週、他のディーゼル燃料（自家発電機用や交通機関用）はまったく入っておらず、ガソリン（これは一一月はじめから）も調理用ガスも一切入らなかった。ガザ地区の病院は、エジプトからトンネル経由で密輸されたディーゼル燃料とガスに頼っているとみられる［本章第三章六節参照］。トンネルの密輸品は、ハマースが統制し、税もかけているとされる。しかしそれでも、一一月二三日から二つの病院でガスがなくなっているという。

政治対立

包囲攻撃によって生じた諸問題をさらに深刻にしているのは、西岸地区のパレスチナ自治政府とガザ地区のハマース政権とが政治的に分裂したことで引き起こされた問題だ。たとえば、ガザ沿岸地区水道局はハマース管轄下にはなく、西岸地区ラーマッラーのパレスチナ水道局を経由して世界銀行から融資を受け、それでガザ地区の下水設備のポンプを動かす燃料代を支払うことになっている。ところが六月以降、パレスチナ水道局は資金を渡すことを拒否している。たぶん、下水設備を機能させることがハマースに利すると考えたためだろう。世界銀行が介入を試みたのかどうかは不明だが、こうしているあいだにも、UNRWAが代わりに燃料を供与しているのだ——UNRWAにはその予算などないにもかかわらず。またガザ沿岸地区水道局は、塩素を二〇〇トン輸入する許可をイスラエルに求めたが、しかし一一月末までに受け取れたのはわずか一八トン、一週間分の水道水を塩素処理できる量にすぎなかった。一二月半ばまでには、ガザ市とガザ地区北部で水道が通じるのは、三日ごとに六時間だけという状況になっていた。

世界保健機関によると、ガザ地区と西岸地区の政治的分断は、ガザ地区の医薬品の備蓄にも深刻な影響を与えている。西岸地区の保健省は、ガザ地区で使用されるほとんどの医薬品や医療用消耗品を確保し搬送する責任を負っている。だがガザ地区における備蓄は、すでに危険水準まで減っている。一一月をとおして西岸地区の保健省は、倉庫の空きがないとして出荷を拒否していた。しかし実際には、充分な量の医療品をガザ地区に送っていなかったのだ。一一月三〇日の週に、医薬品・医療品を積んだトラック一台が、ラーマッラーの保健省を出てガザ地区へ入ったが、それは九月上旬以来初めてとなる搬送であった。

ガザのあと

私たちの目の前で、一つの社会全体が崩壊しようとしている。しかし国際社会は国連からの警告も無視して、ほとんど反応を示さなかった。ＥＵが最近、イスラエルとの関係強化を望んでいると公表したのは、イスラエルの指導者らが公然と大規模なガザ侵攻を叫び、ガザ占領地に対する経済的締め付けを継続するなかでのことであった。しかもその対ガザ政策については、これまでも数多くの施策についてイスラエルと協力してきたラーマッラーのパレスチナ自治政府から、さほど暗黙的でもない支持があったようだ。イスラエル側はハマースとの停戦を延長したいと言ったものの、ガザ地区の封鎖を緩めようとしなかったために、一二月一九日にハマースは、イスラエルとの停戦を公式に終了させた。

ガザ地区の人びとから食糧や医薬品を取り上げておくことで、どのようにしてイスラエルの人びとを守れるというのだろうか。ガザ地区の人口の五〇パーセント以上を占める子どもたちを、貧困に陥れ苦痛に苛(さいな)むことが、いったい誰のためになるのだろうか。国際法の観点からも人間の尊厳の観点からも、彼らを保護することが求められている。もしガザ地区が陥落すれば、その次は西岸地区の番だ。

ガザ以前、ガザ以後

イスラエル－パレスチナ問題の新たな現実を検証する*1

1　イスラエルの方法

オレンジを捨てる

ガザ地区に対する恐ろしい攻撃が起こる前のことですが、ガザの経済状況を述べたある文章を読んで、私は大きな衝撃を受けました。そこには、ひとりの老人がガザの浜辺にたたずんで、海にオレンジを投げ捨てているようすが描かれていました。その描写に私は目を奪われました。なぜなら二四年前、初めて占領地を訪ねたとき、それとまさに同じ場面を私自身が目にしていたからです。それは一九八五年の夏のことでした。私はアーリヤという名の友人［ガザのパレスチナ人女性」にガザを案内してもらっているところでした。ガザの沿岸道路を車で走っていると、年輩のパレスチナ人の男性が海岸線に立っているのが見えました。老人の傍らにはオレンジの入った箱がいくつも置かれていました。わけが分からず、私はアーリヤに車を停めてもらいました。ひとつ、またひとつと、そのパレスチナ人の老人はオレンジを手に取ると、それを水の中に投げ捨てていたのです。ふざけていたのではありません。老人のふるまいには痛みと悲しみが溢れていました。どのオレンジも老人の手には重くてたまらないかのように、その動きは遅く、やっとの思いでそうしているようでした。老人はなぜこんなことをしているのか訊ねると、友人は説明してくれました。その老人はオレンジをイスラエルに輸出するのを禁じられ、果樹園でオレンジが腐るのを見るくらいならと、自分の手で海に捨てることを選んだのでした。このときの光景とその衝撃を私は忘れたことはありません。あれから二〇年がたち、その間にいくつもの和平会議が開かれ、和平協定が結ばれ、経済の議定書やロードマップが描かれ、入植地撤退がありました。なのにパレスチナ人はいまだに、海にオレンジを投げ捨てているのです。

過去八年間［二〇〇〇年からの第二次インティファーダ以降］、イスラエルおよび被占領地の土地、労働、経済、人口は驚くほど変わってしまいました。パレスチナ人は、一九六七年にイスラエルによる占領が始まって以来、そしておそらくは一九四八年に体験した喪失以来、経験したことのないような喪失を被ってきました。現在の状況にはさまざまな特徴がありますが、何よりもまず、この状況を規定しているもの、それは、イスラエルが依然としてパレスチナの土地を占領しているという事実であり、イスラエルの入植地が止むことなく広範囲に拡大を続けて、分離障壁が建設され、西岸地区とガザ地区とが完全に切り離されてしまう、そういった事態のなかに、もっとも鮮明に表れていると思います。社会経済の急激な衰退も現在の状況の際立った特徴となっています。経済は悪化し、人びとはイスラエルによる西岸とガザの四二年にわたる占領のなかでも前代未聞の、失業と貧困による人道危機、そして日常生活の崩壊にさらされています。

第二次インティファーダが始まって以来、パレスチナの経済は劇的なまでに弱体化しました。三年ほど前、選挙でハマースが勝利し、ハマース主導の政権が発足したことで、パレスチナ人に対する国際援助が停止され、二〇〇七年、ハマースがガザ地区の統治権を奪取すると援助禁止はさらに強化され、これが経済の弱体化にますます拍車をかけることとなりました。しかし、経済の崩壊が最近になって生じたものではないことは、第二次インティファーダ直前のパレスチナ経済、とりわけガザの経済を見れば一目瞭然です。二〇〇〇年に第二次インティファーダが勃発するまでに、イスラエルはガザに対して七年間にわたる封鎖政策をとってきました。これによって、二〇〇〇年には失業と貧困がかつてない水準に達し、その後、さらに悪化の一途をたどることになります。

和平プロセスの力学

実のところ、パレスチナ人の生の現状とはそもそも、経済生活であれ社会生活であれ政治生活であれ、オスロ合意に基づくいわゆる「和平」プロセスのあいだに、「和平」プロセスそれ自体によって制度化された力学から生み出されたものです。オスロ合意による和平プロセスとは、イスラエルによる占領という構造の廃止を目指すものではありませんでした。それは、形こそ違えど、占領を維持し、さらに強化するためのものだったのです。オスロ合意後の何年かのあいだに、経済は著しく悪化し、反開発（de-development）のプロセスが加速化しましたが、この反開発のプロセスは、封鎖がもたらした諸結果によってさらに悪化していきました。この封鎖がもたらした諸結果こそ、オスロ時代［一九九三－二〇〇〇年］とオスロ以後の時代［二〇〇〇年以降］の経済を根本的に特徴づけるものです。そのためにパレスチナ経済は、国連によれば、オスロ時代において国民所得が三六パーセントも減少しました。封鎖はさまざまな損害をもたらしましたが、なかでも、西岸地区とガザ地区は物理的にも人口的にも切り離され、隔絶されてしまいました。パレスチナ経済とイスラエル経済の関係も弱まり、その結果、失業と貧困が増大し、収入は激減しました。労働市場や商品市場へアクセスする機会も減少しました。

封鎖がまったくもって破壊的な影響を及ぼしたのは、ひとえに、パレスチナ経済が二六年間［一九六七―九三年］にわたりイスラエル経済に組み込まれ、地元経済がイスラエル経済に深く依存し、きわめて脆弱なものとなっていたためでした。その結果、一九九一年に［イスラエルとガザ地区との］境界線が初めて閉鎖され、その後一九九三年により恒久的な形で閉鎖されると、自力で経済を支えることはもはや不可能になりました。そのための手立てなど何ひとつなかったからです。パレスチナははるか昔に、発展するために必要な力を奪われてしまっていたのでした。何十年にもわたって［土地や水などが］収奪され、経済が統合され、制度や組織が破壊されたことで、持続可能な経済構造などどうやっても出現しえない、そしてそれゆえに持続可能な政治構造もまた出現しえない、そのような状況が作られてしまいました。

これら占領の致命的な諸特徴と、オスロ・プロセスのあいだに同プロセスによってもたらされた諸特徴は当然のことながら、この八年間の諸状況と紛争の激化によってさらに深まり、さらに重篤なものとなりました。具体的には、パレスチナの資源に対するイスラエルの支配が強まるとともに深まり、経済依存が急激に高まりました。西岸地区に隔離壁［分離壁］が建設され、西岸の農地の一〇―一五パーセントが奪われました。西岸のパレスチナの土地がさらに収用され、いくつものブロックに細分化され、それぞれが孤立させられました。イスラエルの入植地は依然、拡大を続けています。地域住民ではないパレスチナ人がヨルダン渓谷地帯にアクセスすることが制限されています（二〇〇五年五月から二〇〇七年七月にかけて、住民でないパレスチナ人がヨルダン渓谷地帯に入ることを禁じた政策が実行されていたのが、最近になってやや緩和されたということです。［全面禁止から］現在では、四ヵ所ある検問所を通って入らなければいけないことになりました）。西岸地区とガザ地区の切り離しがさらに深まっています。イスラエルの「撤退」と誤って呼ばれている事態のあと、ガザ地区の孤立化が進んでいます。そして、国際社会によるボイコットの結果、パレスチナ経済と社会に対しさまざまな制約が課せられていること、などなどです。

パレスチナの経済構造

そのうえ、過去八年のあいだにパレスチナの社会と経済に対し有害な影響を与える新たな特徴が生まれました。*2 次のようなものです。

一　イスラエルだけでなく、パレスチナを支援する国際社会が、援助を懲罰のための武器として、しかも明確な政治的目的を果たすために援助を用いるようになったこと。国際社会によるボイコットはパレスチナ人に対し破壊的な影響をもたらしています。四二年間の占領の歴史を通じて、これほど経済問題が政治紛争の中心に位置したことはありませんでした。

二　イスラエルが自国経済をパレスチナ経済から切り離すことを決定したこと。約四〇年にわたりパレスチナ経済を自国経済に組み込み、依存せざるをえなくさせたあとで、経済的・商業的な結びつきを断ち切ったのです。なかでもイスラエル国内における雇用の喪失は、パレスチナ経済、とりわけガザ地区の経済にとって破滅的でした。西岸地区からイスラエルに入れる労働者は大きく制限され、ガザ地区からは事実上、一人も入れなくなったのです。[*3] 実に、二〇〇七年になると、一九七二年から二〇〇六年のあいだにイスラエルで稼いだ収入の三〇パーセントに相当する額が、援助によってパレスチナ経済に提供されることになりました。

三　経済成長の駆動力である民間セクターが、とくにガザ地区において、急激な下降線をたどったこと。今日、ガザでは、イスラエルが封鎖と妨害によって原材料の輸入と製品の輸出を禁じているために、民間セクターが瓦解しています。この瓦解は、すでに脆弱であったガザの経済が、主として民間セクターの生産性によって推進されてきた経済から、公共セクターの給与や人道支援に依存する経済へと変化したことを表しています。二〇〇七年六月にハマースがガザ地区の支配権を奪取する以前は、ガザの雇用の五四パーセントが民間セクターによって生まれていました。ガザの製造業者は原材料の九五パーセントを輸入し、完成した製品を主としてイスラエル（および一部は西岸地区）に輸出していました。[*4] 二〇〇五年六月の段階では、ガザには三九〇〇の工場があり、三万五千人が雇用されていました。ところが、二〇〇八年九月段階になると、操業している工場の数は九九パーセント減のわずか二三。うち一六の工場が食料を扱い、六つが小麦粉を生産し、服の製造工場にいたっては、たった一つでした。[*5] 全民間セクターの労働者に相当する、およそ一〇万人が職を失いました（うち四万人が農業、三万四千人が工業労働者です）。その結果、パレスチナの全金融活動に占めるガザの割合は、四〇パーセントから七パーセントに急激に落ち込んだのでした。[*6]

四　イスラエルはこれまで、パレスチナ経済を管理し支配し、自らの利益に適うようにそれを形成してきました。占領の最初の二〇年間はその傾向がもっとも顕著でした。しかし、イスラエルはもはやパレスチナ経済に対して興味はありません。それどころか、いまやイスラエルはさらに有害な諸施策を課すことで、パレスチナ国家の誕生も、国家がその上に築かれるべき持続可能な経済基盤の誕生も、あらかじめ排除しようと努めています。この有害な施策は、パレスチナ人を人道上の一問題に矮小化してしまいました。そして、国際社会が現在、応答を期待されているのは、この人道問題に対して、ということになりました。

今日、西岸地区の少なくとも三八パーセントの土地に、パレスチナ人はアクセスすることができません。文献によっては五九パーセントとしているものもあります。[*7] いま私が述べてきたような諸状況が強化され、制度化されたことで、この紛争を私たちがいかに概念化し、理解し、扱うのかということに関して、いくつかのきわめて重大なパラダイム転換が起こりました。そのことについてこれからお話しします。

占領の隠蔽

オスロの前、そしてオスロのあいだ、イスラエル人のなかにも、そして国際社会においても、和平と占領は両立しないという考えがありました。これが変わってしまったのです。[*8] 近年、イスラエル人はますます占領から利益を得ています。彼らの生活は、西岸地区に建設された、入植地を結ぶ広大な道路網や、パレスチナ人を閉じ込め、紛争を封じ込めてしまうことで上向いた経済によって快適なものになりました。とはいえ、この［和平と占領は両立しないという］幻想はゆっくりと、かつ悲劇的なかたちで打ち砕かれつつあるのですが。入植地はいまや自然に成長するもの、イスラエルの領土との重要な家族的結びつきとともに、庇護と治安を提供する不可欠な地盤と考えられています。したがって、入植地や、入植地の社会生産基盤をイスラエルに組み入れることは――それはとりもなおさず、西岸地区はイスラエルの一部であると主張することであるのですが――、もはや常軌を逸したことでもなければ、論争を呼ぶことでもなく、それどころか、必要かつ普通のこととなっています。[*9] 多くのイスラエル人にとって――そして、援助提供国にとってもそうだと私は思いますが――、占領の正常化［本書第三章一節参照〕はもはや問題にはなりません。「占領」という言葉それ自体をいかに死語として葬り去ってしまうかこそが問題なのです。なぜなら、イスラエル経済が強力で伸張を続け、また、イスラエル国内での攻撃が事実上、停止した現在はなおさら、占領という言葉は適切ではないと彼らは考えているからです。[*10] 占領は、国際的な合法性にかかわる政治的・法的問題から、国境をめぐる単なる一争議に変容を遂げてしまいました。そこで関わるのは戦争の諸規定であって、占領の諸規定ではありません。

パレスチナ人を分断すること、そして、この分断を確実なものにし維持するために政治的、軍事的、経済的に必要な措置を講じることも、同じように日常的なものとなりました。そのため、多くのイスラエル人が、そして国際社会の多くの構成国も、占領がますます抑圧的になり、御しがたくなっているというのに、占領に対してもはや何の痛痒も感じないのです。

イスラエルによる情け容赦のないガザ包囲攻撃に対して、国際的な非難が何も聞かれないという事実が、このことをもっとも明瞭に物語っているのではないでしょうか。この包囲攻撃は、二〇〇八年一一月五日、イスラエルがガザを攻撃したあとで始まりました。その翌日にハマースは慌てて反撃しました。仮に占領がもっと慈悲深かったとしても、それに対して国際社会が何の痛痒も覚えないなら、政治的な枠組みにおける変化を反映して、紛争の語彙目録にいくつかの変化を生み出していたでしょう。いまや、パレスチナ人の「領土的連続性」が語られることは少なくなり、代わりに語られるのは「移動による連続性」についてです。これは、「ガザ撤退」計画において初めて登場した用語で、パレスチナ人は橋やトンネル、「アラブ人専用道路」で互いに接続されるということを意味する言葉であり、西岸地区ではすでに日々、生み出されている現実です[*11]［本書第三章五節参照］。

制度化する分断

パレスチナ人を分断しなければならない、そして、そうすることは合法である、という考え方はいまや、パレスチナを領土的にも人口的にもばらばらにしていくつものブロックに分割してしまうことが、イスラエルと国際社会によって公式化され、制度化され、受け入れられていることのなかによく現れています。これが、もう一つの重要なパラダイム転換です。このような制度化されたパレスチナの断片化によって、西岸地区は少なくとも一一のブロックと小ブロック[*12]に細分化されてしまいました。この断片化を保障しているのは、パレスチナ人の移動を妨げる、九三の有人検問所と五三七の無人障壁——土嚢、道路封鎖やその他の障壁——から成る、あわせて六三〇もの物理的障害物のシステムです。さらに、西岸のなかでももっとも人口の多い一八の地域に通じる幹線ルートの約六二・五パーセント（七二のルートのうちの四五）が、軍事検問所によって封鎖されるか管理されるかしています[*13]。まさしく、パレスチナ人がさらされている最大の喪失とは、この社会秩序の断片化という事態なのです。そこでは、一体性は飛び地の境界によって規定され、連帯は飛び地内部で暮らすことができるかどうかに規定されています。この分断された現実がいま、そうした既成事実を特徴づけており、明らかにパレスチナ人の領土的連続性をあらかじめ排除し、それとともに、存続可能なパレスチナ国家の可能性をも排除しているのです。

このほかにも断片化によってもたらされる経済的、社会的特徴としては、次のことが挙げられます。それは、アラブや域内の世界市場から孤立していること、ビジネスや農業における労働形態が家族労働やより伝統的形態の経済行動へ退行していること、オスロの時代に登場した力学として、生産パターンが地元市場や地元での消費をますます志向するようになっていること、トンネル貿易[*14]［本書第三章六節参照］や弾丸貿易、そして一日わずか三シェケル［約七五円］のために必死で働く人びとの存在というような、経済の衰退と瓦解に対する反応であると同時にその例証でもある経済活動が現れていること、などです。こうした強制されたパラダイムのなかで、この構造を変えることなど、まるっきり不可能とは言わないまでもたいへん困難なものとなります。

断片化と、それが生み出すひずみを表す別の例として、西岸の街ラーマッラーの経済が繁栄していると言われることを挙げることができます。それは嘘というわけではないのですが、異常なことです。たしかにラーマッラーの経済が相対的に成功していることは事実です。でも、ラーマッラーは理論の上では、断片化されており、より大きなものであるパレスチナ経済から切り離されて、孤立させられており、そして、実際問題としてそのように見えるのです。そしてそのパレスチナ経済のほうもまた、概念的な枠組みとしても、現実の確かな枠組みとしても、いまや消失しつつあるように思われます。（西岸とガザはいまや劇的なまでに政治的、イデオロギー的に分断されてしまっていますが、その分断が制度化されてしまっている事態をも、このことは指し示しています。）

ガザ地区では、断片化による衝撃が、さらに大きなひずみを生み出しています。ガザにおいては、「西岸のような」概念上の全体から排除されて内に向かうという問題ではなく、全体というもの自体がまったく無くなってしまうという問題なのです。ガザではイスラエルの政策がその根本から変容しました。懲罰的な封鎖その他の制約を通してパレスチナ経済の弱体化を目指す政策から、パレスチナ経済そのものを「イスラエルと」完全に無関係なものとして扱うある種の封鎖政策へと変わったのです。この変化はほんとうに邪（よこしま）なものです。積極的にではあれ消極的にではあれ、経済という概念に関わるのをやめて、この概念自体を完全に棄て去ってしまったのです。二〇〇七年一一月、ガザへの燃料の供給中止を最初に是認したイスラエル最高裁の決定が、これを明瞭に物語っています。燃料を遮断しても、住民にとって人道的に不可欠なニーズを害することにはならないのでかまわないと最高裁は判断したのです。これに続いて、二〇〇八年一月には、電力の遮断も認められました。法廷は次のように述べています。「燃料の消費に関して、ガザで「市場要因」「需要」が役割を果たすことが認められるべきであるという原告の訴えは受け入れられない。」[*15]

問題はもはや——実際のところ、しばらく以前からそうだったのですが——、経済成長や経済発展、その変革や改革、経済の自由や主権といったことではないのです。私のある同僚の言葉を借りるなら、問題にされるのは、人道上不可欠のニーズであり、一四〇万もの人びとのニーズや権利をカロリーや電力量の計算問題に矮小化してしまうことなのです。このようなイスラエルの政策が、ガザの経済や諸制度、そして社会生産基盤の破壊を可能にし、合法なものにさえしているのです。[*16]

したがって、イスラエル最高裁によれば、政治的理由のためにパレスチナ人を苦しめ、人道的危機を生み出してもかまわない、ということなのです。そうだとすれば、定義がはっきりしない「人道的に不可欠なニーズ」なるものがひとたび満たされるなら、他のものはすべて奪いつくすことが可能になるということでしょうか。[*17] かくも破壊し尽くされてしまった経済や社会の修復や再建に人はいかにして——そして、いったいどこから——着手したらよいのでしょうか。

国家から援助へ

パレスチナの土地に建設されたイスラエルの入植地の強化をはかるために、西岸地区を寸断し、パレスチナ国家誕生の可能性を排除することをはじめとするイスラエルのさまざまな命令が着実に、かつ容赦なく課せられることで、外国政府や援助団体、その他国際組織が、イスラエル－パレスチナ関係の未来をどのようなものとして構想するかという点でも変容が生じました。すなわち、二国家という考え方、とりわけパレスチナ国家というものに関連する国家建設とか政治的主権といった諸特性から遠ざかり、政治的優先性よりも人道的優先性を強調するような見方に転換してきているのです。パレスチナ人は、国際社会が面倒を見てあげる人道上の一問題として扱われる、小さな不毛の飛び地に存在する人口に貶められています――政治的あるいは経済的に動員することもできず、みずからの故郷にいながらして国家をもたない存在に格下げされたのです。別の言い方をすれば、一九九三年以来、一二〇億ドルを上回る額が国際援助に使われてきたにもかかわらず、パレスチナ経済はすさまじく弱体化し、公的な組織や制度は徹底的に粉砕されてしまったのでした。

ガザ地区では失業率が三五・五パーセントないし四五・三パーセントに、西岸地区では、二四・五パーセントないし二五・七パーセントに達し、貧困レベルはガザが少なくとも七九パーセント、西岸が四六パーセントに達しています。[18] ひとつの民族集団でかつ主権をもった人びととしてのパレスチナ人は、人道上の一問題に変容しつつあり、この変容はまもなく完成しようとしています。一九九九年に、たとえばUNRWAはガザで一万六一七四家族に食糧を提供していましたが、現在、その数は一八万二四〇〇家族、八六万人に達しています（別の算定によれば、七五万人という数字もあがっています）。国連の世界食糧計画がさらに、ガザの三〇万二〇〇〇人に対して食糧を提供し、二〇〇八年一二月までの数字では、一四〇万の総人口のうち一一〇万以上の人びとが食糧援助を受けていたのです。[19] そして現在はほぼすべての住民がそうした援助に頼っています。

くわえて、高水準の救援がなされているにもかかわらず、パレスチナ人の食糧に関する不安はむしろますます高まっているのです。ガザの世帯の五六パーセントにおいて食糧が不安定で、収入の六六パーセントが食糧に費やされています。西岸では、収入の五六パーセントが食糧に使われます。世界食糧計画によれば、パレスチナ人の七五パーセントが購入する食糧の量を減らしており、八九パーセントが購入する食糧の質を落としています。この水準は現在では間違いなく悪化しています。その結果、栄養が不足し、子どもたちのあいだで貧血や長期にわたる栄養不良、とりわけ発育障害が生じているのです。[20]

あるパレスチナ人の経済学者が述べた言葉が問題の核心を突いています。「私たちは食糧援助から始まり、そして食糧援助に戻ってきた。円を一周したのだ」。これまで勃発した暴力、今後も勃発し続けるであろう暴力は、パレスチナ人を単なる犯罪者に貶めるものですが、それは、イスラエル政府が支払う対価なのです。彼らは、自分たちが請け負っている領土獲得のために、この対価を進んで支払っているように見えます。[*21]

西岸地区においては、メトロポリタン的な都市圏の喪失とエルサレムの脱アラブ化［東エルサレム併合にともなうユダヤ化］をとおして反都市化が進行することで、ひとつの民族集団であり主権をもった人びとであるパレスチナ人を人道上の一問題に矮小化するという事態が、いまや増幅されています。［アメリカの研究者で中東政治に詳しい］サリー・マクディーシーによれば、「一九六七年以降、イスラエルがエルサレムに併合したと主張するパレスチナの領土の九〇パーセントは今日、パレスチナ人が開発しようにも立ち入り禁止になっている。その土地にはすでにユダヤ人入植地が排他的に建設されてしまっているか、将来入植地を拡張するためにとりおかれているかのどちらかであるからだ」。[*22]パレスチナの都市部は国内総生産の九〇パーセントを生み出しており、エルサレムだけでも四〇パーセントを生産しています。[*23]したがって、そのエルサレムを失うことは、経済的に有害であり、さらに、隔離壁によってばらばらにされてしまっていることで、経済の悪化にさらに拍車がかかることになるでしょう。

それゆえ、パレスチナ人がエルサレムから分断され、エルサレムの内部でも分断され、そして、イスラエルからも分断されることで世界からも分断され、互いに、自分たちの都市や土地を分断され、ばらばらにされることで、都市開発の可能性は弱まります。理由は複数ありますが、実に単純です。人間も商品も資源も、イスラエルが領土を管理していることで分断され、都市部にアクセスすることができないからです。計画立案も不可能です。拡張もできません。サービスを供給することも妨げられています。

二〇〇六年五月、ニューヨークタイムズの社説が問題を以下のように表現したのには驚かされました。「[ニューヨークの中心部、小さな半島状の都市エリアである］マンハッタンの地図を思い浮かべてください。西岸地区とは大雑把に言えばハーレムの東部とアッパーイーストサイドにあたります。ガザ地区ははるか南西にあるバタリーパークシティです。では、これらの断片から独自の経済をもって十全に機能するひとつの都市を創り上げてください。しかも、両者のあいだに、敵対的な完全に独立した都市が存在している、という条件で[24]」。

既成事実

パレスチナ人を犯罪者に変容させてしまうことは、ハマースの選挙勝利以降、別のいくつかの様相をもつことになりました。それは、とりわけ、西岸における物理的破壊の性格が変化していることに関連しています。イスラエルのジャーナリスト、アミラ・ハス［ガザやラーマッラーに住み、占領についての報道で名高い」が私に語ってくれたことですが、西岸の地に歴史的にパレスチナ人が存在したということを示す彼らの生の痕跡の多くを破壊するプロセスが着実に進行しています。主要な街のあいだや周辺の村々をパレスチナ人が行き来するために積年のあいだ使っていた古い街道は取り壊されつつあります。伝統的な交通の要所や建物や特定の商業エリアもそうです。いま起きていること、それは、パレスチナ人を土地に対して何の権利ももたない単なる侵入者扱いすることで、西岸におけるパレスチナ人の存在を消し去るものにほかなりません。

それに関連するもうひとつの新しい特徴は、イスラエルの管理システムがますます官僚化していることです。検問所やターミナルその他の物理的障壁をイスラエルが政治的に必要としているということに加えて、現在では、独自の利害やニーズ、優先順位をもった官僚主義的な必要性が強まっているのです。こうした構造を官僚主義化することは、その構造を日常生活の必要かつ恒久的な一部にすることによって、構造の脱政治化を意味します。実際、西岸のターミナルのなかには、兵士が一人も配置されておらず、完全に自動化されてしまった無人ターミナルもあれば、イスラエルの民間警備会社によって管理されているものもあるのだそうです。西岸とガザの日常生活はイスラエルによって強烈に、かつ、ほぼ完璧なまでに官僚主義的に管理されているのですが、それには、家を建てたり、自分の土地にアクセスしたり、エルサレムを訪れたり、車を運転したり、病院へ行ったりするために、いちいち当局の許可が必要とされる、ということも付け加えなければなりません。マクディーシーが主張するように、「停戦だけでは包囲されたパレスチナ人を救うことにはならない」のです。*25

パレスチナ人を侵入者扱いし、彼らを人道上の一問題に変容させてしまうことは、パレスチナ人と彼らの土地に対するイスラエルの態度が、現在進行形の占領から、併合、そしてイスラエルの主権を課すということへと、決定的に変化していることを物語っています。つまり、西岸地区のいくつかの地域をイスラエルの延長にしてしまうということです。これは、きわめて重大なパラダイム転換です。いまや国際社会も、ハマースが選挙に勝利しガザを制圧し、依然、テロの放棄とイスラエルの承認を正式に表明しようとしないことを受けて、このパラダイム転換を受け入れてしまっています。占領地における自分たちの振る舞いが国際的な非難を招くのではないかとイスラエルが心配していた時代は過去のものとなりました。かつてはたしかにそこにあった最後の一線は消えてしまったのです。事実、何人かのイスラエルの官憲によれば、外国人が西岸に立ち入るには、いまガザに入るためにそうしているように、まもなくヴィザが必要となるだけでなく、パレスチナ人自身もすぐに、西岸の主要都市間を移動するのにヴィザが必要になるだろうというのです。

援助を提供している主要な国々は、アメリカ主導のハマース政権ボイコットに参加しているだけでなく、いまやそのなかには、パレスチナ人を彼らの飛び地に閉じ込めるために効果的に設計された政策にも着手しようとしている国まであります。たとえば、援助プログラムの主眼は現在、マイクロファイナンスに焦点化されています。つまり、人びとが閉じ込められているこれらの飛び地を生み出さずにはおかない構造的なひずみ、すなわち占領に対処するのではなく、人びとが、自分たちの飛び地でかろうじて食いつないでいけるようにするということです。同じように、援助国のなかには、工業団地の建設を積極的に支援しているところもありますが、これら工業団地の大部分は、イスラエルと西岸地区のあいだに一方的に引かれた境界線上に設置されるのです。これらの［工業団地が建設される］ゾーンは、現在、イスラエルに入って働くことが禁じられているパレスチナ人たちに一〇万人分以上の雇用を提供するとされています。現地経済との連環を創り出すことによって、これらのゾーンは西岸内部にさらなる職を創出するとも言われています。これらのゾーン――失敗に終わった古い戦略の焼き直しに過ぎないのですが――は、たしかに、パレスチナ人が喉から手が出るくらい欲しがっている雇用を提供しはします。しかしそれは、パレスチナ人か外国人の所有であっても完全にイスラエルによって管理された経済的な飛び地に、人工的な経済を創り出すことによってなのです。そうしたところで、パレスチナ経済の断片化と依存性を解決するどころか、むしろますます強化することになるでしょう[*26]［本書第三章四、五節参照］。

さらに、意図的であれ結果的であれ、西岸地区とガザ地区の分断と断絶を支え強化する援助戦略、すなわちパレスチナ人を、存続させるために寛大な援助を与えるに値する善良なラーマッラーと、それらに値しない邪悪なガザという、二つのはっきりと分かれた存在に分断し、うち一方を経済的、政治的、外交的に完全に孤立させることは、パレスチナ人のみならず、私たちすべての者に対して不吉な結果をもたらすでしょう。カレン・アブーザイドUNRWA事務局長が警告したように、「ガザは、国際社会が知っていながら黙認し、なかには奨励したと言う人もいるであろう、みじめな極貧状態に意図的に貶められた最初の土地になろうとしている」のです[*27]。

アブーザイド事務局長はさらにこう続けます。「人道的かつ人間的な開発の仕事は、紛争を解決したり、紛争の原因に取り組むための努力がなされていないような環境にあっては機能するはずがない。暗示的にせよ積極的にせよ、大量の人間たちが苦しまざるをえないような境遇を生み出すことと共犯するような状況においては、実際のところ、人道的仕事など不可能である。これが、パレスチナの将来的見通しを台無しにしている状況である」[*28]。この共犯関係の痛みに満ちた別の例として、ヨーロッパ共同体の閣僚たちが最近、EUとイスラエルの関係強化を決定したことが挙げられます。この決定は、イスラエルによる前代未聞のガザ包囲攻撃という事態にもかかわらず、なされました。一四〇万もの人間たちが、適切な量の食糧も燃料も医薬品も奪われているというのにです。

さらに、パレスチナ社会が存続できるかどうかは、いまや自らが生産する物資ではなく、外部からの援助に大きく依存しています。アナリストであるハリール・ナクレ［パレスチナ人。占領政策についての検証で知られる］によれば、「約一〇〇万人がパレスチナ自治政府の月々の給与で生活しており、その給与は、約束どおりに外から寄付がやってくる（ということに依存している）。四万人から五万人をくだらない者たちが、外部の資金で直接運営されているNGOの給与で暮らしており、何千人もの人びとがNGOのプロジェクトのおかげで糊口をしのいでいる。したがって、「安定した」収入のあるパレスチナ人の大部分の生活の糧は彼らの外部にあり、自分たちにはいかんともしがたい政治的決定によって、抵当に入れられているのである」[*29]。

開発や変革、能力向上（キャパシティ・ビルディング）や制度的・基盤的変革について真剣に議論する者などもはや存在しません。代わりに議論されるのは生き延びること、監禁状態、従属、服従についての話です。経済活動はますます、経済の衰退と瓦解に対する反応として、そして、援助提供国の政府が既成事実に対して意味のある、つまり政治的な挑戦をすることに消極的である、ということに対する反応として展開しています。この消極性はイスラエルによる占領の維持と共謀することにほかなりません。このことについては、パレスチナの現場で活動する二一の援助機関が共同執筆した最近の報告書のなかで実に説得力をもって述べられています。彼らは、カルテット（アメリカ、ロシア、EU、国連）のことを、和平プロセスを前進させることができなかっただけでなく、和平プロセスをご破算にする上でむしろ積極的な役割を果たしたとして非難しています。*30

したがって、経済的なエンパワーメントや社会的な修復をはじめとする、イスラエルの抑圧的な占領に対するパレスチナ側のいかなる抵抗も、現在では不当でかつ違法とみなされるのです（これはおそらく、〈九・一一〉以降のことだと思われます。アリエル・シャロンは、パレスチナ人に対するイスラエルの戦いは、テロリズムに対するアメリカのグローバルな戦争の一部であり、イスラエルに対する抵抗はそれゆえ違法なものだと主張して、まんまと成功を収めてしまいました）。

占領は覆すことができるという考え方、いつの日か占領に終わりが来る、いや、終わりにしなければならないのだという考え方もまた、変化を余儀なくされました。このことも、もうひとつの重要なパラダイム転換です。イスラエルの拡大は受け入れられ、パレスチナの既成事実を規定するものとして扱われているだけでなく、イスラエルの入植地とその社会生産基盤および西岸の壁がなお拡大しつづけている事態にもっとも劇的に見られるように、それは止めることができないのです。もし、占領というものが歳月とともに変化したのだとしたら、それは、占領の拡大と力という濁りない性質に関してであり、占領の縮小や撤廃に関してではないのです。拡大がなぜ緊急かつ絶対に必要なのかは問われぬままです。そうであればあるほど、それを撤回することが困難になります。二〇〇七年の五月までに、たとえば、(東エルサレムを含む)西岸地区には、一四九の入植地があり、四二万一六六九人のイスラエル人が暮らしていました。二〇〇八年上半期のあいだに、入植地における建設は前年の同時期と比べほぼ倍増し、一・八倍になりました。[*31] 国連特別報告者の二〇〇八年度の報告によれば、西岸地区と東エルサレムに現在、約二〇〇の入植地［イスラエル国内法で合法］と一〇〇のアウトポスト［イスラエル国内法でも非合法の前哨入植地］があり、四八万から五五万人の入植者が暮らしています。これを維持するために、イスラエル政府は年五億五六〇〇万ドルを費やしています。[*32] さらに最近、政府は一万一五三〇棟の入植地用家屋の建設許可を発表しました。

その結果として生まれるのが、周囲を取り囲まれ、軍事的に管理されたパレスチナという存在です。それは、以下の諸地域から構成されています。

(1) ガザ地区

西岸地区の政治的エリートがやらないような仕方でイスラエルの政策に抵抗しているために、もっとも暴力的で、もっとも異常な地域となっています。

(2) 互いに非連続の飛び地からなる、内部がばらばらになった西岸

一定の外見的な正常性は許され推奨もされています。なぜなら、イスラエルが最終的にパレ

スチナ国家と呼びたいと思っているのは、これらの飛び地だからです。パレスチナ〔国家〕の形成はパレスチナ人の存在の無化と一蓮托生であり、現に無にしてしまうものであるのは、実に皮肉なことです。

2　対ガザ戦争についての最終考察

なぜ対ガザ戦争なのか

これまでのイスラエルとの合意といったものが、平和や発展の選択肢を広げてきたのではなく、逆にそれらを制限しさらには事実上封じてきたのだ、ということを知っておくのは、きわめて重要です。しかもそうした合意は、パレスチナの経済・政治・社会に劇的な衰退をも、もたらしました。イスラエルによるパレスチナ占領およびパレスチナ人のイスラエル依存（そして海外援助依存）は、オスロを含む諸合意によって終わりも緩和もせず、むしろ諸合意によって強化されてきました。*33 強いられたシステムに少しでも楯突けば——つまりこれまでの合意やそれがもたらした状況に少しでも異議申し立てをしようとすれば——、パレスチナ側がどれだけ大幅に政治的譲歩をしようとも、脅威とみなされてしまうのです。したがって、たとえイスラエルや西欧社会に受け入れられるような政権がパレスチナに樹立されたとしても——実際二〇〇七年には［ハマースとファタハによる］連立政権ができたわけですが——、そしてマイノリティとしてかろうじてもっている生活状態がたとえ改善されたとしても、相変わらずパレスチナ人たちは、自由と政治主権と経済発展とを骨抜きにすることを意図した一連の合意に縛られて、過酷な占領下におかれ続け、独立国家の実現からかつてないまでにかけ離れてしまうことになるでしょう。実際のところ、すでにそうなりつつあります。

こうしたパラダイムにおかれて、パレスチナ人たちは、抑圧的な政策から自らの身を守ろうとしただけで厳しく処罰されてきました。それどころか、パレスチナ人および彼らを代表すべく選出された歴代の政府は、イスラエルのやることを甘受するよう、イスラエルとアメリカ、EU、一部のアラブ諸国から期待されるというよりもそう要求されているのです。いや甘受するというのは、事実上、イスラエルの政策の協力者（コラボレーター）となって、どんな民衆的抵抗運動をも弾圧することであり、それが求められるわけです。[*34] さらにパレスチナ人たちは、自らの土地にいながらにして異邦人となり、イスラエルに服従し依存して生きていくことになります。このことはガザ地区においてもっとも顕著ですし、とりわけ［二〇〇八年］一二月の対ガザ戦争以降、さらに顕著になっています。

パレスチナにおける政治の衰退のもっとも有力な実例は、おそらく二つ［ハマースとファタハ」の政府の分裂でしょう。事実上それは一民族二国家であり、パレスチナ人の解体と無力化そしてパレスチナ民族運動の衰退を正当化はしないまでも、それらに拍車をかけています。この二つの政府はともに、憲法に照らして正当性を欠いています。ガザの政府は、解散させられているにもかかわらず、ガザを統治しつづけ、ラーマッラーの暫定政府は、もうずっと前に選挙をしていなければならなかったにもかかわらず、そのままになっています。[*35] 表面化してしまったこの二重権力体制とその政治的分裂は、不合理でまともに機能などしていません。そしてパレスチナ人たちは、民族集団としての生存ではなく、個々人としての生存という観点でしか頭が働かないように追い込まれているのです。こうした歪んだパラダイムにあっては、成功者の指標は生産ではなく消費ということになります。アミラ・ハスはこう書きました。

> ラーマッラーの政府から出勤するなという指示を受けたガザの公務員［ファタハ系］は、給与を受け取り、年功勤続の分も支払われる。そうして彼らは、家にいて何もすることがなく、頭がおかしくなっている。逆に、実際に出勤している人たちは、公的な給与は支払いを保留されており、その代わりにハマース政府から給与をもらっている。[*36]

こうして現実が奇妙に歪められてしまっているために、いまパレスチナ人が直面している政治上の重要課題は、もはやイスラエルによる占領かパレスチナ国家かの選択ではなく、ガザ地区と西岸地区との分断か、内外からの暴力の激化かの選択になってしまっているのです。これはまったく新しい事態です。

ガザ地区に対する戦争は、この選択の極端な実例になりました。イスラエルによる攻撃の直接的な名目は、ハマースがイスラエル側にロケット砲撃を行なったことですが、しかしそれではイスラエル側の攻撃の不均衡な猛烈さが説明できません。しかもイスラエルは、この直前の数カ月から数年にわたって、市民生活を押し潰そうと厳しい制裁や攻撃などを重ねてきました し、実際それでガザの人びとの生活はこれまでも現在もつねに破壊されているわけですから、今度の戦争はそのことと矛盾します。[*37] たとえ戦争が不可避だとしても、戦時法というものがあります（なお私はこれを「戦争」と呼ぶことに躊躇をおぼえます。というのも戦争というのは、イスラエル国家とパレスチナ人たちとが対称的であるということを含意しますが、そんな対称性など存在したためしがないからです）。戦時法の観点からは、両者の攻撃規模の均衡が問題なのではなく、攻撃の適法性が問題なのであり、またイスラエルが軍事力以外の方法、とりわけ外交手段を追求したかが問題になります。民間人への攻撃は、イスラエルだろうとハマースだろうと、国際法で一切禁じられています。民間人も戦闘員も区別なく攻撃する戦時国際法違反を容認してしまうならば、六〇年以上かけて築き上げてきたこの法体系全体が脅かされることになります。もしそうなったら、次には何が起きるでしょうか。

ガザへの猛攻撃は、一政治勢力としてのハマースに対してなされただけではありません。実際、ハマースのロケット弾など今度のイスラエルの攻撃とはほとんど何の関係もないのですから。これは、パレスチナ民衆と彼らの継続的な抵抗運動（ハマースによるものだけではありません）に対する攻撃でした。またこれは、イスラエルが突きつけてくる要求や条件を受け入れ屈服することを、彼らが頑なに拒絶しつづけていることに対する攻撃でした。西岸地区のほうは、土地の強制収用、入植地の拡張、領土［占領地］の細分化、住民の孤立化、超法規的暗殺、その他の軍事統制などのイスラエルの政策によって（いまやそれは協力者であるパレスチナ自治政府の治安部隊にも支えられ）、効率よく制圧されてしまいましたが、そうした西岸とは異なりガザ地区のほうは、ずっと抵抗運動を継続させており、しかもその抵抗の激しさでもって、イスラエルの拡大政策を押しとどめ妨害しているのです。これがイスラエルとガザ地区との関係性の特徴であり、それは一九六七年からずっと続いているのです。こうした点から見ると、イスラエルの攻撃はまた、パレスチナの政治家たちに対するものでもあり、西岸地区のパレスチナ人たちへ強いメッセージを伝えるものでもあるのです。つまり、「イスラエルは西岸の入植地を撤去などしないし、これまで奪った土地を返還するつもりもない」、と。このガザと西岸に対する政策の結びつきは決定的に重要であるにもかかわらず、ほとんど見過ごされてきました。

ハマースの位置

対ガザ戦争には他にもいくつかの理由があります。ひとつには、イスラエルが相手からの攻撃を抑止する能力を高めることです。とくに二〇〇六年七月のレバノンでの敗北後に失った、イスラエルがアメリカ主導の対テロ戦争における実質的な同盟国であるというイメージを、取り戻すことが戦争の理由でもありました。しかし、おそらくもっとも注意すべきは、イスラエルによるガザ攻撃の前には平穏な期間があり、そのあいだにいくつかの変化が（再び）表れはじめていたということです。そのなかでもっとも決定的なものは、ダマスカスとガザの両方のハマース指導部に見られた明確な兆候であり、それはハマースが一九六七年六月［第三次中東戦争時］の境界線に沿うかたちでの紛争解決を模索しているというものでした。歴代のイスラエル政府は西岸地区に対する支配を継続させたいと考えてきましたので、これはイスラエルにとって乗り気のしない領土の譲歩になります。

イスラエルが安全よりも領土拡大を望む傾向は、歴史上ずっとその政策に表れてきました。つまりイスラエルは、政治的な妥協や和解を先送りにし、政治的解決を恐れ、とくに「外交をやみくもに恐れ[*38]」、そうした脅威を除去しようと、一貫して模索してきました。たとえば一九八九年には国連総会で、イスラエルに対して和平と引き換えに一九六七年境界線まで撤退することを求めた「パレスチナ問題の平和的解決」という決議案が投票にかけられました。そのときは、アメリカとイスラエルとドミニカの反対で、一五一対三で採択され、その後も毎年同じ投票結果が続きましたが、二〇〇八年には一六一対七となりました（反対はオーストラリア、ミクロネシア連邦、イスラエル、マーシャル諸島、ナウル、パラオ、アメリカ）[*39]。

そのうえ、アラブ連盟加盟の二二カ国すべてが、パレスチナ自治政府［ファタハ中心］とハマースがともに支持している、一九六七年六月境界線に沿うかたちでの「二国家分離解決案」を支持しています。国際司法裁判所は二〇〇四年七月に、隔離壁を違法とする判決を出し、イスラエルは西岸地区およびガザ地区のどの地域に対しても一切権利を有しないとしました。これは、アラブ人地区である東エルサレム［イスラエルは併合を主張している］に対しても、イスラエルは何の権利ももっていないということです。また国際司法裁判所は、西岸地区にある入植地すべてについて国際法違反であるという判決を出しました。二〇〇〇年のキャンプ・デーヴィッド和平首脳会談［当時はイスラエルの譲歩案をパレスチナ側が妥協せずに蹴ったと報道された］では、実際にはパレスチナ側が入植者・入植地とエルサレムと難民帰還権について譲歩する用意があったということが現在では知られています。それに対し、イスラエルの側が一切の譲歩をしなかったのです[*40]。ノーム・チョムスキーも言うように、イスラエルは「自分が歓迎されていない土地を我が物とするのとは違う方法を考えることが困難[*41]」なのです。

二〇〇八年三月に、ダマスカスにいるハマースの最高幹部ハーレド・マシュアルはこう言いました。

現在この紛争には、イスラエルの背後でアメリカが関与しているが、そうしたイスラエルのやり方とは別の方法で、紛争解決に取り組む余地がある。一九六七年境界線に基づいた政治綱領について、パレスチナ内で全体合意を得る可能性があるのだ。ハマースも含めたほとんどのパレスチナ勢力が六七年境界線に基づいた国家を受け入れるというのは、例外的な機会だと言える。(…)こうした[二国家案への]要請に対しアラブ諸国間でも合意があるが、これも歴史的に重要な事態だ。しかし、誰もこの機会を生かそうとしていない。誰もこの機会に協調しようと踏み出さないのだ。パレスチナ人たちとアラブ諸国の人びとが受け入れたこの最小限の提案さえ、イスラエルとアメリカとは拒絶しつづけているのだ。*42

モサド[イスラエルの対外諜報治安機関]前長官のエフライム・ハレヴィが明らかにしたところによると、ハマースが二国家分離案まで譲歩する用意があることを、イスラエル側は充分承知していました。イスラエルによるガザ攻撃の直前に、ハレヴィはイスラエルの内閣に対しこう提言しました。「ハマースの指導部は、自らのイデオロギー的目標[パレスチナ全土の解放]

は近い将来に実現しないし、達成不可能だということを認識している。また、六七年の暫定的境界線でパレスチナ国家を打ち立てることを自ら認める用意がある。（…）自ら協力してパレスチナ国家を建設した瞬間に、自分たちもやり方を変えざるをえなくなるということを、ハマースは知っている。彼らは、自分たちのもともとのイデオロギー的目標とはかけ離れたところへ至る道を選ばなければならないのだ[*43]」。

さらには、シンベト［イスラエルの国内諜報治安機関］長官のユーヴァル・ディスキンも、ハマースがイスラエルとの平穏状態［アラビア語で「タフディィア」、「停戦」の意］を延長する気があるということを知っていました。事実として停戦更新の可能性については、イスラエル諜報・テロ情報センターが刊行しイスラエル外務省が発表した報告書のなかで、詳しく検討されていたのです[*44]。実際、この報告書はこう指摘しています。「一時的な平穏状態は散発的なロケット弾や迫撃砲によって乱されるが、それは、はみ出し者のテロ組織がときおりハマースに反抗して撃ったものだ。他方でハマースのほうは、他のテロ組織に対して統制を効かせて停戦違反を阻止している」。ディスキンは、イスラエルがガザ地区に対する包囲攻撃を解き、西岸地区に対する軍事攻撃も停止し停戦を延長すれば、ハマース側も停戦を延長するだろう、とイスラエルの内閣に伝えています[*45]。事実、もしイスラエルの目的が本当にハマースのロケット攻撃を終わらせることならば、ガザに対する経済封鎖を緩和するだけですぐさまそれは達成できたはずなのです。そのことはあらゆる証拠が強力に裏づけています。そこからこういう疑問が湧いてきます。「ガザからのロケット弾への対応として、イスラエルは軍事力に頼らない平和的かつ短期的な代替案をもっているのだろうか」[*46]。

このようにして、イスラーム勢力［ハマース］が、イスラエルから譲歩を引き出すこと――パレスチナ自治政府がアラファート政権下でもアッバース政権下でもなしえなかったこと――のできる交渉者だとして、人びとから信用と正統性を得たのです。これによってイスラーム主義の地位が高まったのは、パレスチナ人のあいだでだけではなく、国際社会のなかでもそうだったのです。イスラエルは、ハマースを拒絶することがますます難しくなっていることに気づくことになったでしょうし、国際社会とくにヨーロッパ諸国から、ハマースと交渉するようにという圧力がイスラエルにかけられるようになるのも、もはや時間の問題でした[*47]。

さらに言えば、この停戦期間に、国際社会およびイスラエル国内の一部でも、政治交渉を再開しようという論調が強まり、その合意ができつつありました。そこでは、ハマースとも直接・間接的に話し合うこと、イスラエルの入植地拡張を凍結し、入植地製品をボイコットすること、などが交渉議題に含まれていました。また、ハマースとファタハの内部分裂を仲介し統合パレスチナ政府をつくろうという、エジプト政府の努力も見られました。これは厄介だけれども最優先の課題でした。実際、イスラエルによるガザ攻撃の直前には、ファタハとハマースが政治的和解と統一政府を目指してカイロで会談をもつことが予定されていました[*48]。

アメリカの新しい［オバマ］政権が、イランおよびハマースと交渉を始めるだろう、またパレスチナ－イスラエル紛争を二国家方式によって解決するという国際的な合意に歩み寄るだろうという見通しのなかで、イスラエルは、ハマースを含むパレスチナ政府と二国家分離の交渉をしなければならないという、望まざる状況に当然陥ることになるでしょう（二国家分離というのは、イスラエルとアメリカが過去三〇年以上にわたって阻止してきたものですが、最近はアメリカの政策立案者のなかにも二国家案の支持者は増えつつあります[*49]）。事実、二〇〇八年一二月はじめに当時の外務大臣ツィピ・リヴニはこう言いました。ハマースとの一時的な平穏期間は好ましいけれども、長期的な停戦は「イスラエルの戦略的目標を阻害するものであり、ハマースを強化するだけでなく、イスラエルがハマースを承認したという印象を与えてしまう[*50]」、と。こうしたわけで、長期的な停戦だとか一九六七年六月境界線に沿った紛争解決をハマースと交渉するといったことは、イスラエルにとっては選択肢とならなかったのです。

むしろ逆に、二〇〇八年六月の停戦合意のずっと前からイスラエルがガザ攻撃の準備をしてきたということが、イスラエルの報道によって暴露されました。この攻撃計画を説明するなかで、国防大臣のエフド・バラクは早くも二〇〇八年一月には、「兵士の訓練、補給品の備蓄、装備の更新、必要事項の指揮官への伝達といったことに、この二年、集中的に取り組み、成果を上げることができた」[*51]、と語っています。イスラエル紙『ハアレツ』によると、イスラエルが交渉で取り決めたのは二〇〇八年六月の停戦についてのみで、それはイスラエル軍が攻撃準備の時間を必要としていたからであり、経済封鎖の緩和などの合意条件を順守するつもりは最初からありませんでした。[*52]イスラエルからの挑発は、世界の目がアメリカの大統領選挙に向いている最中の一一月四日にありました。イスラエルは、「ハマースがイスラエル兵を拉致するために境界線のフェンス近くまでトンネルを掘っている」と主張しました。たしかにトンネルは存在しましたが、しかしハマースが、うまく続いていた停戦と政治交渉の機会とを危険にさらしてまで兵士を拉致しようとしたのかについては、異論のあるところです。『ハアレツ』紙のツヴィ・バーレルはこう書いています。

トンネルは明白な当面の危険ではなかった。トンネルの存在は知られていたし、イスラエル側で使えないようにすることもできたはずだった。少なくとも、トンネル近くに駐留する兵士は、危険な経路から離れることができた。このトンネルを爆破すると決定した人間がたんに軽率であったと主張することも無理がある。軍の上層部は、爆破という手段がすぐにどういう結果を引き起こすのかを知っていたし、ガザ回廊という狭い地域に「控えめに進入」する政策が同地域に何をもたらすのかについても知っていた。つまり、平穏状態

［停戦］の終わりだ。これは政策的決定なのであって、現場の司令官の戦術的決断ではなかった。＊53（強調はロイ）

くわえて、西岸地区からイスラエル側にロケットが撃ち込まれたことがない点にも注意を要します。それにもかかわらず、停戦期間中にイスラエルは、西岸地区のパレスチナ人に対して、超法規的暗殺や、入植地の拡張、土地の収奪、領土の細分化、移動制限などなどの政策を継続させました。パレスチナ人たちの統制は、なおもイスラエルにとっての主要な政治課題となっているのです。

ガザ以前、ガザ以後

イスラエルが実質的な領土［占領地］の譲歩および現実的な二国家分離解決案を拒否しつづけてきたことは、これまでの長い間にさまざまな形をとって表れました。それらを要約すると、もっとも重大なものは、西岸地区とガザ地区とのあいだの往来を物的にも人的にも分断しそれぞれ孤立させたことです。これはオスロ和平プロセス下の一九九八年までにはほぼ完了していました。この分断政策は、ガザ地区を西岸地区及び東エルサレムから切り離すこと、すなわち、「西岸とエルサレムの人口、教育制度、医療制度から切り離し、イスラエル内での雇用から切り離し、そして西岸とエルサレムにいる家族や友人から切り離すこと」[*54]、これらが目論まれていました。

イスラエルの「一方的撤退」政策のなかで、二〇〇五年八月にガザ地区からイスラエル人入植者を引き揚げさせたことで、二つの占領地の政治的分断は効率的に固定化されました（というのも、ガザ地区を西岸地区に結びつけるいかなる共通の政治的要素ももはや存在しないからです）。そしてパレスチナ国家のための土台もまた効率的に破壊されたのです。しかし、それでもなおイスラエルは、西岸地区とガザ地区におけるパレスチナ人の「土地、境界線、資源、水、住民登録、経済、建築、教育、保健医療サービス」[*55]を、直接的に、あるいは間接的にすべて支配しつづけました。こうしたパレスチナ内部の分断と孤立化によって損なわれたのは、政治面・経済面での一体性およびその一体性を維持する取り組みだけではありません。パレスチナ内部での民族の結束感あるいは共同体意識といったものがことごとく弱体化してしまいました。分断・孤立化というのは、イスラエルがガザ回廊を切り離して支配するための、そしてイスラエルにとってはこちらのほうがはるかに重要なことですが、西岸地区に対する支配を強固なものとするための、決定的な要素でありました。

したがって、ガザ地区の徹底破壊というのは、これまで歴史的文脈を抜きに個別的な出来事として描かれてきましたが、けっしてそうではないということに注目することも重要です。この戦争は、何もないところに勃発したのではなく、ハマース誕生に二〇年も先立って始まった、イスラエルによる長期的な軍事占領と植民地化というはるかに大きな文脈のなかの、必然的なしかし悲劇的な一部をなしており、そして仮に明日ハマースが地上から消えたとしても、その後も間違いなく継続されるものです。この占領の特徴は、ほとんど忘れられていますが、経済制裁、封鎖、ボイコット、包囲攻撃などです。実際、「占領」という言葉を耳にすることはもはやありません。イスラエルのジャーナリストであるアミラ・ハスはこう述べました。「パレスチナ自治政府が樹立されてからは、イスラエルは都合のいいときだけ「相手」を独立した主権として扱った。いかにもパレスチナ自治政府の飛び地が占領下には置かれていないかのように。このきわめて効果的なプロパガンダのおかげで、たいていのイスラエル人は、自治政府の樹立が独立国家の建国と同等のものだと信じており、にもかかわらずパレスチナ人は恩知らずなことに、平和を求める小さなイスラエルを攻撃してきていると思い込んでいる」[*56]。

占領こそがパレスチナ人の抵抗運動の根底にある理由です。そして占領は、統治システムとしては、オスロ「和平」プロセスが始まって以来の一六年間で、より根深く、より悪質になってきています。それどころかイスラエルは、対ガザ戦争が対テロ戦争の一環であるかのように見せようとしています。しかし、二〇〇五年の「一方的撤退」から数週間もたたないうちに、すでにイスラエルはガザ地区を定期的に攻撃しはじめ、ハマースがそれに応酬しました。それをジェフ・ハルパー［イスラエルの研究者・政治運動家］はこう分析しました。「ハマースによるイスラエルへの砲撃というのは、すべてがとは言わないまでも、実はほとんどがイスラエルの軍事行動に対する応酬なのだが、そのイスラエル側の攻撃については、メディアで報じられていなかったり、あるいはイスラエル軍が多くの民間人の犠牲者を巻き込みながら、ハマースなどパレスチナ側の組織のリーダーを暗殺しても、それは正当な一方的措置だとして軽く見られているのだ」*57。国連によると、二〇〇六年の一年間に、ガザ地区からイスラエル側に放たれたカッサーム・ロケットは一七八六発であったのに対し、イスラエルがガザ地区に撃ち込んだ大砲の砲弾は一万四一〇〇発もありました*58。

　イスラエルがガザ地区から「撤退」してからこの三年半のあいだに（二〇〇八年一二月のガザ攻撃まで含めて）、約二四〇〇人のパレスチナ人が殺害されましたが、その大半がガザ地区の民間人でした。同時期にカッサーム・ロケットによって死亡したイスラエルの民間人は二〇人だけです。一人一人の市民の死がどれも悲劇であるのはたしかですが、パレスチナ側での犠牲者が不釣り合いに大きすぎます。

　私がこの三年間にパレスチナ人、イスラエル人、海外（とくに援助国・機関）の関係者へ面談調査をしたなかで、ひとつの明確な主題があるとすれば、それは、取り戻しようのない衰退のおそれ、つまりパレスチナの社会経済の破壊状況は復興するのに数年どころではなく数十年を要するのではないかということでした。この警鐘は、世界銀行や国連や国際通貨基金などの国際機関による数々の報告書でも反響を呼びました。それらによると、イスラエルのとっている措置による経済への深刻な影響は、時間の経過とともにますます回復不可能になってきているといいます。悲劇的なことに、復旧はガザ地区の人びとにはいまでも許されていないのです。

対ガザ戦争の後、すでに危機に瀕していた状況はいっそう深刻化しました。戦争の結果、生活も家屋も公共設備も破壊されてしまいました。ガザの廃墟のなかにあるのは、直接攻撃を受けた二三の保健所、完全に破壊された六〇の学校と四〇〇〇棟の家屋、他に損傷した二万一〇〇〇棟の家屋などです。これらのデータは、復旧におよそ一〇−二〇億ドルは要するとされる生活基盤の損壊全体の一部にすぎません。現地からの報告によると、ガザ地区内では地域によって壊滅的な被害を受けたところもあるようです。ガザには現在、これと言った民間企業はなく、産業らしきものがありません。ほぼすべての生産活動が姿を消しました。戦争直前で五〇パーセント近くに達していた失業率は、いまでは間違いなくさらに悪化しているでしょう。

ガザ地区の経済崩壊のなかでひとつ活気が見られてきたのは、トンネル経済の急成長です。これは、ガザ地区の封鎖およびその代替策の欠如への対処法として、ずっと以前に始まったものです。数千人ものパレスチナ人がいまやトンネル掘りに携わっており、使われていないものも入れると約一〇〇〇本ものトンネルがエジプト側に届いていると見られています。トンネルを通して商品を密輸し転売する仕事が、対ガザ戦争後、地下経済として再び活気を取り戻しています。ガザの経済専門家のオマル・シャアバーンによると、いまではガザ地区における経済活動の九〇パーセントがトンネル密輸に関わっているとのことです[*59]。

そして、少なくとも九〇パーセントの住民――この極端な数字でさえ問題の深刻さを過小評価しているかもしれません――が、生活必需品を人道支援に頼っています。一二月の攻撃のずっと以前から、ガザ地区の人びとは物乞いへと貶められ、生計を立てる権利も、ガザ地区を自由に出入りする権利も、それどころかガザ地区内部を移動する権利でさえ、否定されてきました。そうして、外部世界から完全に切り離されて、監獄［監獄化したガザ地区］に閉じ込められたのです。ガザ地区の住民の生活を維持するには、少なくとも一日あたりトラック五〇〇台分の食糧と生活物資が必要となります。ところが、二〇〇九年二月八日から一四日にかけては、一日平均一〇三台分、つまり必要量の二一パーセントの食糧・生活物資しかガザに入っていないのです（比べて二〇〇五年一二月には一日平均五六四台でした）。これでさえも、二〇〇八年一一月に一日平均わずか四・六台だったのと比べると、飛躍的に増加しているのです。しかしそれでもなおイスラエルは、教育・文具用品や、家畜類、建築物資、そしてトマトペーストやレンズ豆やパスタなどさまざまな食材について、ガザ地区に搬入することを認めようとしません[*60]。

他にもいろいろあるなかで、上記のような規制があって、いったいどのようにしてガザを「再建」することが可能だというのでしょうか。しかも、ハマースを強化することにならないよう事実上ハマースを排除するような方法でガザ再建の活動を進めようという、イスラエルおよび一部海外からの要求を、パレスチナ自治政府と国際社会がふまえているなかで、いかにして再建などできるのでしょうか。[*61]緊急にガザ地区のパレスチナ人たちを支援すること、苦痛を軽減するための事業や日常生活を元に戻すための事業などが速やかに実施されるべきことは、議論の余地はありません。しかし、抑圧的な占領とがんじがらめの規制が続いているなかで、ガザを再建するというのは何を意味するのでしょうか。こうした状況下で、人びとを力づけ、持続可能で活力に満ちた諸制度――今後も繰り返されるであろう外部からの衝撃に耐えられるようにし、すべての再建努力の基礎となるもの――を築くことなど、いかにして可能なのでしょうか。そしてパレスチナ人たちは、いったい何を背負うことを求められているのでしょうか。こうした問いからも指摘できるのは、いま決定的に必要なことは、政治の議題を、すでに空疎だとわかっている国家建設という理念から、占領の終結という理念へと変えていくことだということです。これまでの一六年間［オスロ合意から］が示すように、イスラエルによる占領が続くなかでは、発展などは論外で、変化を企てることさえ無益で無意味な行為です。このかんに成し遂げられたのは、イスラエルによる支配が深まったことだけでした。第一に、占領が終わらなければなりません。それからその次のことが議論できるようになるのです。私たち誰もが自分のために欲し要求するもの——普通の生活、尊厳、生計、安全、そして子どもたちを育てる小さな土地——を、もしパレスチナ人らに対して今後もずっと拒否するのであれば、新旧すべての［パレスチナの］諸党派が、より大規模でより過激な暴力に訴えるようになるのは不可避でしょう。とくにガザ地区の徹底破壊の余波のなかでは、社会経済の衰退が深刻化するのも避けられないでしょう。いま影を現しつつあるのは、全世代のパレスチナ人の抹消です。そしてもしそれが現実に起きてしまったら、その犠牲の対価を支払うのは私たち全員なのです。

＊1　この報告の一部は、*The Palestine Yearbook of International Law*, Volume XIV, 2008 に掲載される。また、Sara Roy, "The Gaza Economy," Palestine Inefformation Center Brief (The Jerusalem Fund, Washington, DC), 2 October 2006、および、"A Dubai on the Mediterranean," *LONDON REVIEW OF BOOKS* (3 November 2005) も参照。なお、この報告の別バージョンは、"Failing Peace" と題して、Vienna Institute for International Dialogue and Cooperation (VIDC), *Perspectives beyond war and crises? Donor politics and gender orders in the Israeli-Palestinian Conflict*, Conference Report, Vienna, 2008 に発表したことがある。

＊2　*Palestinian Statehood and Perspectives for Trade and Development Policy—Summary of Roundtable Discussions*, The United Nations Conference on Trade and Development , Ramallah, West Bank, 17 May 2006 を参照。

＊3　経済については多くの報告があるが、たとえば "West Bank economic crisis ever deeper, World Bank says," *YNET news.com*, 23 October 2008を参照。

＊4　世界銀行 *Palestinian Economic Prospects: Aid, Access and Reform* (Washington DC: The World Bank, 22 September 2008), p. 22

＊5　*Ibid*, pp. 7 & 22

＊6　*Ibid*, p. 22

＊7　たとえば、世界銀行 *Movement and Access Restrictions in the West Bank: Uncertainty and Inefficiency in the Palestinian Economy* (Washington DC: The World Bank, 9 May 2007), pp. 1-2 and 5-6を参照。http://siteresources.worldbank.org/INTWESTBANKGAZA/Resources/WestBankrestrictions9Mayfinal.pdf

＊8　*Sara Roy, Failing Peace: Gaza and the Palestinian-Israeli Conflict* (London: Pluto Press, 2007), p. 332

＊9　Gideon Levy, "Yes, hate," *Ha'aretz*, 26 October 2008を参照。ここでギデオン・レヴィは、「イスラエル社会のすべての階層や団体が入植地を支持し、自分の財布から献金を行ない、泥棒に全面的に協力している――なかには入植地にうんざりしている人もいるかもしれないが」、と指摘している。

＊10　イスラエルの通貨シェケルは、いまでは世界で強い一五の通貨のうちのひとつに数えられている。Jeff Halper, *Rethinking Israel after 60 Years*, Israel Committee Against House Demolitions (ICAHD), May 2008を参照。

＊11　こうしたことの一例は、Adi Mintz, "An Atlas of Road Maps and Options for the Israeli-Arab Process" (6th Herzliya Conference, Israel, January 2006), http://www.herzliyaconference.org/Eng/_Articles/Articleに見いだされる。そこでアディ・ミンツは、「われわれは、パレスチナ人たちが妨害されることなくあらゆる場所を車で移動できるような、移動による連続性をつくらなくてはならない」と書いている。

＊12　世界銀行 *Movement and Access Restrictions in the West Bank: Uncertainty and Inefficiency in the Palestinian Economy*, (Washington DC: The World Bank 9 May 2007), p.3を参照。http://siteresources.worldbank.org/INTWESTBANKGAZA/Resources/WestBankrestrictions9Mayfinal.pdf.

＊13　United Nations Office for the Coordination of Humanitarian Affairs (UNOCHA), *Closure Update: Main Findings and Analysis* (30 April-11 September 2008), UNOCHA, Jerusalem, September 2008, pp. 3-4 & Annex Ⅲを参照。もしそこにヘブロンを加えるのであれば、封鎖されている道路の比率は七三・六パーセントに上昇する――そのヘブロンではようやく

二〇〇八年九月までに大半の道路の封鎖が解かれたところである。

*14　たとえば、UN Office for the Coordination of Humanitarian Affairs (UNOCHA), "OPT: Gaza's illegal tunnels – a dangerous but vital lifeline," www.irinnews.org/report.aspx?ReportID=80945, 20 October 2008 およびNidal al-Mughrabi, "Feature—Underground cattle trade thrives in Gaza's tunnels," Reuters, 21 October 2008 (and www.haaretz.com/hasen/spages/1030242.html)を参照。トンネル貿易についての別の見方については、Tzvi Ben Gedalyahu, "Hamas Uses 'Humanitarian Cement' to Prepare for War," Arutz Sheva, www.israelnationalnews.com/News/News.aspx/128127を参照。トンネル貿易の秘密的な傾向は、いまやより公然かつ正規のものとなりつつある。これについては、"Owners of Tunnels Register with Hamas, Get Electricity," www.palestine-pmc.com/details.asp?cat=3D3&id=3D1584を参照。

*15　Darryl Li, "From Prison to Zoo: Israel's 'Humanitarian' Control of Gaza," Adalah's Newsletter, Volume 44, January 2008. Original source: *HCJ 9132/07, Jaber al-Basyouni Ahmed v. The Prime Minister*, www.adalah.org

*16　Ibid.

*17　Ibid. またAdalah, *News Update*, 31 January 2008, www.adalah.org/eng/pressreleases/pr.php?file=08_01も参照。

*18　失業者の数字には労働意欲喪失による失業も含まれ、また貧困率は消費ではなく収入（食糧援助および海外送金を除く）に基づく。世界銀行 *Palestinian Economic Prospects: Aid, Access and Reform*, pp. 19-20およびUNRWA, *Prolonged Crisis in the occupied Palestinian Territory: Socio-Economic Developments 2007*, Report No. 3, Gaza, July 2008, pp 7 & 11を参照。パレスチナ中央統計局は貧困について二つの基準を用いている。絶対的貧困ないし極度の貧困と、公式の貧困だ。前者は衣食住の家計しか考慮しない。六人家族の場合、極度の貧困のラインは二〇〇七年では一八八六シェケル（四五七ドル）である。公式の貧困ラインは、それに他の生活必需品——医療、教育、交通、介護、日用雑貨——を加える。六人家族の場合、その貧困ラインは、二三六二シェケル（五七二ドル）である。

*19　Catholic Agency for Overseas Development, Amnesty International, Christian Aid et al, *The Gaza Strip: A Humanitarian Implosion* (2008), p. 4, ftn 6を参照。また、Ian Black, "Sanctions cause Gaza to implode, says rights group," *The Guardian*, 6 March 2008, www.guardian.co.uk/world/2008/mar/06/israelandthepalestinians.humanrights も参照。

*20　世界銀行 *Palestinian Economic Prospects: Aid, Access and Reform*, p. 21、および、国連世界食糧計画 *Food Security and Market*

Monitoring Report, Report 19, July 2008、および、Donald MacIntyre, "Chronic malnutrition in Gaza blamed on Israel," *The Independent*, 15 November 2008を参照。

＊21 Juan Cole, *The Jailer*, SALON, 12 January 2006, http://www.salon.com/opinion/feature/2006/01/12/Sharon/print.html

＊22 Saree Makdisi, "Occupation by bureaucracy," *International Herald Tribune*, 24 June 2008

＊23 The Grassroots Palestinian Anti-Apartheid Wall Campaign, *The Occupation's "Convergence Plan": Legitimizing Palestinian Bantustans, Analysis*, 17 May 2006

＊24 *A Viable Palestinian State*, editorial in the New York Times, 25 May 2006

＊25 Saree Makdisi, op.cit. また、*Palestine Inside Out: An Everyday Occupation* (London: W.W. Norton, 2008) も参照。

＊26 Sam Bahour, *Palestinians Calculating Next Move: Coexistence with Occupation not an Option*, 3 September 2008, PALDEV Digest, 2 September 2008-3 September 2008 (#2008-257), McGill University、および、Zohar Blumenkrantz, "Israel mulling join airport with PA near Netanya," *Ha'aretz*, 2 November 2008を参照。

＊27 Saree Makdisi, "The Strangulation of Gaza," *The Nation*, 3 February 2008

＊28 Karen Abu Zayd, *Palestine refugees: exile, isolation and prospects*, Edward Said Lecture, Princeton University, 6 May 2008

＊29 Khalil Nakleh, "An Analytical Overview of the Current Situation: Palestinians Under the Occupation," *Counterpunch*, 24 September 2008, www.counterpunch.org

＊30 CARE etc, *The Middle East Quartet: A Progress Report*, 25 September 2008、および、Rami G. Khouri, "Let the Quartet Die," Agence Global, 29 September 2008を参照。

＊31 Americans for Peace Now, *Peace Now Settlement Watch Report—Settlement Construction in the first half of 2008, Summary Prepared by Americans for Peace Now,* Washington, DC, 26 August 2008; Peace Now, *Israel is Eliminating the Green Line And Continuing to Build in the Isolated Settlements: The first half of 2008 (since Annapolis)*, Settlement Watch Team, August 2008, www.peacenow.org.il; and Foundation for Middle East Peace, *Settlement Report*, Volume 18, no. 5 (September-October 2008)

＊32 United Nations, *Report of the Special Rapporteur on the situation of human rights in the Palestinian territories occupied by Israel since 1967*, General Assembly, 25 August 2008, p. 21

＊33　Lamis Andoni, *The Price of Israel*, AL-AHRAM WEEKLY, 31 August – 6 September 2006を参照。

＊34　Virginia Tilley, *A Beacon of Hope: Apartheid Israel*, COUNTERPUNCH, 5 December 2006、および、Bashir Abu-Manneh, *In Palestine, a Dream Deferred*, THE NATION, 18 December 2006, www.thenation.com/doc/20061218/abumanneh を参照。

＊35　Amira Hass, "A Tale of Two Parliaments," *Le Monde Diplomatique*, October 2008を参照。こうした分断を考えると、「パレスチナの」大統領および立法議会の権限と正統性にますます焦点が当てられてくる。

＊36　Amira Hass, "Palestinians: divided we fall," *Le Monde Diplomatique*, October 2008

＊37　Jeff Halper, *Israel in Gaza: A Critical Reframing*, Israel Committee Against Home Demolitions, January 2009

＊38　Chomsky, ibid. こうした傾向を説得的に検証したものとして、Zeev Maoz, *Defending the Holy Land: A Critical Analysis of Israel's Security and Foreign Policy* (Ann Arbor: University of Michigan Press, 2006)がある。

＊38　棄権が五カ国あった（カメルーン、カナダ、コートジボワール、トンガ、バヌアツ）。The United Nations, General Assembly, *GA/10670, 62nd General Assembly*, Department of Public Information, News and Media Division, New York, 2008を参照。

＊40　Norman Finkelstein, "Seeing Through the Lies: The Facts About Hamas and the War on Gaza," *Counterpunch*, 13 January 2009、および、Noam Chomsky, "Exterminate all the Brutes,"19 January, 2009, http://www.chomsky.info/articles/20090119.htm を参照。

＊41　Ibid.

＊42　Mouni Rabbani, "A Hamas Perspective on the Movement's Evolving Role: An Interview with Khalid Mishal, Part Ⅱ," *Journal of Palestine Studies* (Summer 2008)

＊43　"What Hamas Wants," *Mideast Mirror* (22 December 2008)

＊44　Intelligence and Terrorism Information Center, *The Six Months of the Lull Arrangement* (December 2008)

＊45　"Hamas Wants Better Terms for Truce," *Jerusalem Post*, 21 December 2008

＊46　Chomsky, op cit.

＊47　Norman Finkelstein, "Foiling another Palestinian "Peace Offensive," *Counterpunch* January 2009, www.counterpunch.com/

finkelstein01282009.html

＊48　私も共著者である文章、Augustus Richard Norton and Sara Roy, *End Game in the Gaza War, Parts I, II & III*, icga.blogspot.com/2009/01/end-game-in-gaza-war-part-i.html を参照。

＊49　Finkelstein, op cit. 引用の原典は、Richard N. Hass and Martin Indyk, "Beyond Iraq: A new U.S. strategy for the Middle East"、および、Walter Russell Mead, "Change They Can Believe In: To make Israel safe, give Palestinians their due", *Foreign Affairs* (January-February 2009) より。また指摘しておくべきことは、パレスチナ民族評議会（PNC）が一九八八年の国際的合意［二国家分離］を公式に受け入れたこと、および、アラブ連盟がこの合意をさらに越えて、二国家分離だけでなく、イスラエルが一九六七年六月境界線まで撤退するのと引き換えに、イスラエルとの全面的な国交正常化を呼びかけたことである。

＊50　Saed Bannoura, "Livini Calls for a Large Scale Military Offensive in Gaza," *International Middle East Media Center* (10 December 2008)

＊51　Roni Sofer, "Olmert: Gaza op goals yet to be obtained," *YNetNews.com*, 8 January 2008.

＊52　Barak Ravid, "Disinformation, Secrecy, and Lies: How the Gaza Offensive came about," *Haaretz* (28 December 2008)、および、Uri Avnery, "The Calculations behind Israel's Slaughter of Palestinians in Gaza," (2 January 2009) を参照。

＊53　Zvi Barel, "Crushing the Tahadiyeh," Haaretz (16 November 2008)

＊54　Amira Hass, "Return to Gaza," *London Review of Books*, 26 February 2009

＊55　Ibid.

＊56　Amira Hass, op. cit.

＊57　Jeff Halper, *Israel in Gaza: A Critical Reframing*, Israeli Committee Against Home Demolitions, January 2009

＊58　Allegra Pacheco, Chief, Information and Advocacy Unit of the United Nations Office for the Coordination of Humanitarian Affairs (OCHA), Presentation at the United Nations Seminar on Assistance to the Palestinian People, Plenary I, *Socioeconomic and Humanitarian Emergency in the Occupied Palestinian Territory*, (Doha, Qatar, February 5-6, 2007)

＊59　Sara Flounders, "An underground economy and resistance symbol: The tunnels of Gaza," www.workers.org/2009/world/

gaza_0212, 8 February 2009

＊60 UN Office for the Coordination of Humanitarian Affairs (OCHA), "Israel-OPT: Gaza children "afraid to return to school," IRIN, www.irinnews.org/Report.aspx?ReportID=83088; and Dion Nissenbaum, "Israeli ban on sending pasta to Gaza illustrates frictions," *McClatchy Washington Bureau*, 25 February 2009

＊61 The Palestinian National Authority-Ramallah, *The Palestinian National Early Recovery and Reconstruction Plan for Gaza 2009-2010*, International Conference in Support of the Palestinian Economy for the Reconstruction of Gaza, Sharm Al-Sheikh, 2 March 2009, Draft および、Nissenbaum, ibid. を参照。

「対テロ戦争」と二つの回廊

小田切拓

1 「底が抜けた」コップ

サラ・ロイのいう「反開発」が実践されてきたパレスチナでは、援助が、水のように消えていく。「反開発」とは、喩えてみれば、コップの底を「叩き落とす」行為である。底のないコップに水を注ぐと、一向に溜まらずに下に落ちるのと同じように、いま、パレスチナの経済成長を促すための援助が注がれても、それはコップのなかに溜まらない。

開発援助（つまり、お金の投入）は、占領下で行なわれることによって「反開発」に性格を変える。

そうであれば、「占領」をないことにすれば、「反開発」でも援助の「実績」は積み上げられる。イスラエルだけでなく、国際社会もそれを奨励している。

オスロ合意によって、実在する占領の終結は、国際法によって強制させるものではなく、イスラエルとパレスチナが交渉（つまり取引）によって解決されるべき一項目になってしまった。つまり、占領は問題の前提ではなくなり、それを国際社会も了承したというのがオスロ合意であった。イスラエルは占領を不問にすることを国際社会に認めさせることに成功した。

以下は、二〇〇九年三月に筆者がロイに対して行なったインタビューの冒頭で、彼女が占領について言及したところである。

（…）オスロの原文のなかには、一字たりとも「占領」という単語が記載されていないのです。どこにもないのです。つねにイスラエルは、「占領」という単語を使うことを拒否しました。「対等」な紛争当時者による、解決に向けた話し合いとして」一九九〇年代に行なわれた和平交渉のなかで、パレスチナ側には、「占領」という単語を用いたいという意思はありましたが、「強者である」イスラエルが反対し、その意見は採用されなかったのです。つまり、オスロは「占領」という用語が欠如、あるいは、使用されることなく合意に至ったといえます。このことは、オスロ合意における、「パレスチナ側の」最たる譲歩といえるでしょう。

オスロ合意の根源的問題は、国際法の前提からパレスチナ紛争を除外した状態で採択されていること［つまり、イスラエルの国際法違反については不問にされた、ということ］です。オスロは正義について、あるいは、政治的解決法について語られたものではありません。それは、イスラエルの力を、パレスチナ人にどのように課すことができるのか、またその可能性について示唆する合意だったのです。そして、現実をまったく反映せず、パレスチナ人にとって意味のない、「虚像の和平」を創出してしまいました。これは「合意したこと」によって生み出されたのではなく、合意の内容自体が問題だったのです。[*1]

興味深いのは、国際社会（欧米や日本）が、「反開発」によってパレスチナの経済発展が阻害されている状況、または成長不可能になっていてコップの底が抜けている状況でも、全く気に留めないことだ。もちろん占領は終わっているとは言いがたく、いわば問題の前提ではないと決められた、というのが実情である。もうなくなっている「コップの底」は、イスラエルと国際社会の目には「存在」している。それが無知であるためか、見えないふりをしているだけか断言しようがないが。

「コップの底」を取り去られたのも、それが「存在する」ことになっているのも、オスロ合意があったからである。その後一五年以上にわたり、同じ状態が継続し、パレスチナは多くのものをイスラエルに渡すことを強いられた。オスロ合意に基づいて和平交渉が行なわれた九〇年代よりも、いまパレスチナははるかに酷い状況にある。その惨状は、本書の各章で触れられているとおりである。本章では、「対テロ戦争」の理論をイスラエルがどのように利用して、現在の立場を短期間で確立したかを分析する。

とくに、二〇〇五年の「ガザ撤退」の再検証を行ない、事例としては、ガザ地区とヨルダン渓谷の二カ所を重点的に扱う。ヨルダン渓谷は、西岸地区の約六分の一の面積に当たり、イスラエルによる過酷な統治で知られているが、それを学術的に捉えた文献は皆無に等しい。この場所で、農産業団地の設置を中心とする経済援助を日本政府が〇六年から始めている。プロジェクトの名前は、「平和と繁栄の回廊」構想である。

まず、イスラエルの立場から見た、国際合意やそれに基づくイスラエルの政策を、以下のような性格に大別する。

① 土地、資源の獲得（同じ土地を分ける上で、多くの土地と、資源を手に入れる）
② パレスチナの弱体化（隔離壁などの物理的制約、パレスチナへの義務の強要など）
③ イスラエルに有利な理念の強調、国際的な承認
④ 経済的な利益の拡大
⑤ ユダヤ人国家・イスラエルの実現

以上のなかで、とくに③が重要である。質的にも他と異なり、ここに「対テロ戦争」の影響が色濃く反映されている。③の歴史的な変化をもたらした契機が、何度も述べているように「ガザ撤退」である。国際法や、国連決議といった国際的合意をも無実化させる強いイメージが、イスラエルをさらに有利な立場に至らしめた。イメージが、国際法や既存の国連決議さえ実質無効にしたのだ。

本論の前提として、参考までにオスロ合意について①–⑤の分類にしたがって整理してみると、以下のようになる。

A 入植地や資源の扱いが「取引」に委ねられた。→①③

B (パレスチナの承認のもと)占領地がA、B、Cといったエリアに分けられたため、外部の圧力を抑えながら、統治を続けられるようになった。→③ また、パレスチナの非武装化を義務化することに成功。→②

C ヨルダンと和平条約を結ぶなど、周辺のアラブ諸国との改善により、マーケットが劇的に増大した。また、パレスチナに入る多額の援助は、同地でイスラエル製品が輸入されることにより、イスラエルに多大な経済効果を与えた。→④

D 和平交渉において、「占領」という前提条件を排除。これによって、国連決議に基づく境界線や

難民の帰還権さえ、「取引」項目の一つになった。→③
（本節で紹介したロイによるコメントを参照。）

［D］は、オスロ合意で「前提条件」ではなくなっていたが、完全に「無効化」されるまでには至っていなかった。以後イスラエルは、それを無効化していく。国際社会は、パレスチナを弱体化させるうえでの、確固たる機能として働き始めていく。（国際社会とは、ここでは日本を含む西側諸国と、国際機関を指すものとする。）

オスロ合意からの一五年で、国家になるためには必要不可欠で、かつ国際法や国連決議によって定められた「一九六七年の境界線に基づく国境線の画定（入植地の全面撤去）」、「東エルサレム」といった項目を、パレスチナは実質的に手放すことを余儀なくされてきた。同合意によって、これらイスラエルが履行すべき義務的項目が、交渉という名の「取引」に委ねられたためである。そして、イスラエルによる占領も、国際社会から完全に不問にされた。[*2] また、パレスチナがイスラエルに提示できる最後の項目「難民の帰還権」までもが、「取引」されようとしている。

「対テロ戦争」理論のイスラエル的拡大解釈を国際社会が受け入れたことが、二国家分離を実質不可能に追い込み、実情を危機的にした。そして「平和を求めて、政策を実行する」イスラエルと、「平和に逆行する〈テロ〉政権」ガザのハマースという位置づけが固定化した。そのなかで不十分なから「平和への努力を続けている」というのが、西岸地区のファタハ政権に対する国際社会の一般的な見解だ。

平和という名の「イスラエルの安定化」が確実に進展していくなかで、最近、その「カラクリ」を明らかにする政治発言が続いている。以下は、二〇〇九年七月三日付けのイスラエル紙に掲載された、アリエル・シャロン元首相の主席政治顧問ドヴ・ワイスグラスへのインタビュー内容の一部である。〇五年に実行された「ガザ撤退案」の作成に深く関わっていたことで知られるワイスグラスは、「撤退後」の状況を振り返りこう述べている。

外交の場で、パレスチナ人は、「イスラエルの占領が始まった」六七年以降「占領によってわれわれは、異常な状況に置かれ続けてきた」と語ってきた。だがガザでは、すでに占領は終わっているのだ。それで、世界中の誰一人として、なぜパレスチナ人がガザからテロ攻撃をしなければならないのか理解できなかった、イスラエルは既にガザから去っていたのだから。こうしてわれわれは、「占領があるからテロに及ぶ」というパレスチナ人の主張を破壊した。[*3]

シャロンが、国際政治から、イスラエルによるガザ地区の「占領」という前提を消滅させることを意図していたことが、彼の発言から伺える。ワイスグラスは、状況が「計画的に実現された」と語っているのだ。

イスラエルは、自国にとっての最終目標を実現するための転換点として和平プロセスなどの合意事項や「ガザ撤退」を利用した。だからこそ、「ガザ撤退」以降、状況は占領の不問だけでは収まらなくなった。パレスチナ人によるイスラエル市民に対する攻撃は、完全にテロとみなされるようになり、「テロリスト」ハマースと「その被害に苦しむ」イスラエルという構図は、際限ないほどに拡大解釈されるようになった。たとえば、〇六年に服務中のイスラエル兵が、ハマースの軍事部門関係者らによって身柄拘束された一件が、一般的には「拉致」とされている。

ロイは、和平合意を利用するイスラエルの巧妙さに、以前から着目してきた。

イスラエル政府にとって、オスロ合意文は、都合のいいように過去何度も使われていたのです。オスロがあるがために、イスラエルは「われわれには（パレスチナ人との間に）政治的合意があります」と、もっともらしく言えてしまう。

もしかしたら、「イスラエルは政治的合意に同意していないだろう」と指摘する人もいるかもしれませんね。でもそれは、厳密に言えば正しくはありません。イスラエルは同意しています。オスロ合意の各段階で、イスラエルは政治的合意をしてきましたよ。すなわち、問題はそこにあるわけではないのです。

議論されるべきなのは、どのような目的とゴールを達成するために、イスラエルが和平のプロセスを利用してきたのか、ということです。いかにしてこのプロセスが使われ、現実に適用されてきたのか、私たちはそこを疑問に思わなくてはいけないと思います。

オスロ合意や「ガザ撤退」などによって「テロ」の概念が根底から変わったことで、パレスチナは危機的状況に置かれている。ブッシュ政権の置き土産として〇七年一一月に開催された中東和平国際会議を受けて、八〇億ドル（当時のレートで約八七〇〇億円）の援助金がパレスチナに支払われることが決まったが、そのなかに「テロ対策」の費用が含まれているのだ。

援助が、「口封じ」に使われ、欧米を中心とする国際社会は、援助を通じて、ヨルダン川西岸地区（以後、西岸地区）のファタハ政権をコントロールしている。ファタハの治安部隊の新設に援助が使われ、その部隊が治安維持、つまりハマースなどの反イスラエル分子の取り締まりを行なっている。パレスチナ人が、パレスチナ人による占領への抵抗を取り締まることになった。そして、スポンサーは国際社会なのである。

西岸地区のファタハ政権が中東和平国際会議の結果を受け国際社会に提出した『ＰＲＤＰ』[*4]という計画書に、この治安部隊と援助との関係性が明記されている。この計画書はパレスチナから提出された形にはなっているが、世界銀行との関連性について疑う余地のない文書である（後述する工業団地の設置プロジェクトも、この計画書の内容に含まれている)。

底から流れ落ちたコップの水は、イスラエルに向かう。経済援助についていえば、パレスチナの輸入品の多くがイスラエル製品であるため、それは確実にイスラエル経済の底上げをする。「イメージ」によって捻じ曲げられた「テロ」の概念が、この構造を不明瞭にさせている。

2 ガザ地区とは

まず、「反開発」の典型事例であるガザ地区を、歴史的観点から整理してみる。近年、日本を含む国際社会が西岸地区での占領の強化に積極的に関わり始めているが、ガザ地区は、そのモデルであると考えられる。

東京二三区の約六割程度の面積しかない場所に、約一四〇-一五〇万人を抱えるガザは、その人口の七-八割が難民である。こうした事情が、ガザを抵抗の拠点とさせてきた歴史は、誰もが認める事実である。

ガザでの占領を始めた一九六七年から一貫して、イスラエル政府は反イスラエル勢力への対応に追われてきたが、先陣をきったのが六九年に軍の南部司令官となったイスラエル元首相アリエル・シャロンであった。「難民キャンプを消し去る」という最終目標を持っていたシャロンが、反対勢力の掃討を図ると同時に、その懐柔と管理に努めたことは、ロイの著書『ガザ回廊』(本書序章で紹介)に詳細に述べられている。

元来、占領地の全てをイスラエル領にするという狙いのもと設置されたのがユダヤ人入植地であったが、ガザ地区でのそれは当初から多少性格が異なっていた。エリアの分断と、住民の管理が主眼に置かれていたのだ。つまり**分類②**「パレスチナの弱体化」が、占領開始当初から行なわれてきた。

西岸地区のブロック化による分断政策おける入植地の役割とは何かを考えるさい、シャロンが設置し〇五年まで存在したガザ地区のそれを検証すると、理解がしやすい。シャロンは、既に四〇年前にガザ地区を約一〇キロごとに分割し、統治を容易にしようとした。ガザ地区は、南北こそ四〇キロを超えるものの、東西は概ね一〇キロくらいの南北に細長い回廊である。シャロンは、この長方形の回廊を管理するために入植地を配備した。その後ガザ地区は金属製の柵で囲われ、数カ所しかない外部への通行路には検問所が設けられた**【地図3】**。

ガザ地区は、当初からイスラエルにとって領土的にはさしたる意味のない場所であったため、反イスラエル勢力の懐柔というのが、ガザ地区統治(占領)で最も重視されることになった。

入植活動と並行して、一九七〇年代から、ガザ地区のなかでも難民の比率が高い南部を中心に、難民用の新設居住区が整備された。こうしたエリアの多くは、入植地やエジプトとの国境などイスラエル軍駐屯地の目の前にあり、幅広い道で区画の整理がなされた。また、入居の際に住民登録が義務づけられた。こうしてイスラエルが軍事作戦を行ないやすいエリアに、難民の多くが移管された。このように、ガザは入植地によって内部を分断され、さらにその五キロ四方程度の小さなブロックのなかでも、イスラエルによる管理が徹底されていた。

ガザ地区での「反開発」の決め手となったのが、イスラエルによる占領が始まった当初に設置された、北部地区にあるイスラエルとの境界近くに位置する「エレッツ工業団地」である。二〇〇五年のガザ撤退まで存在したこの工業団地は、イスラエル国防軍によって運営され、ガザ地区の経済を弱体化させる装置として見事に機能した。また、同所の経済をイスラエル経済の下部に置くという従属関係を固定化させた。

イスラエルによって、人の移動だけでなく物資の通行も制限されているために満足な経済が育たないガザ地区の住民にとっては、そこは魅力的な就労の場であった。彼らにしてみれば、ガザ地区内の一般的な仕事から支払われるサラリーの倍額以上の収入であった。

一方イスラエルは、ここにパレスチナ人を就労させることで、人件費を大幅に削減することができた（ユダヤ人の三分の一程度の金額）。**分類④**、「経済的な利点」にも、利用できるシステムであった。また、一時的にパレスチナ人個々の生活を安定させることで敵対心をそぐことにもなる。さらに、物理的障害ではないが**分類②**の「弱体化」にも当てはまる。工場を封鎖すれば、一瞬にしてガザ地区経済に多大な損失を与えられたのだ。〇五年の時点でこの工業団地には、約五〇〇〇人のパレスチナ人が働いていたとみられる。

この項の最後に、ガザ地区とは何かを語るうえで、占領の開始当初に、軍の南部司令官として同地の統治計画を考案したシャロンが、とくに入植地の設置についての狙いを語った言葉を紹介しておきたい。

> ……［政府関係閣僚に対し］私はまた、『ユダヤ人の指先』と呼んでいた数多くのユダヤ人入植地の設置についても推奨した。それらがあればガザ地区の分断が図れるのである。［比較的大きな都市と都市の間を中心に］ガザ市とデイルバラの間に一カ所、デイルバラとハーンユーニスの間に一つ、ハーンユーニスとラファの間に一つ、そしてラファの西側に一カ所、西岸地区のようにイスラエル政府所有の土地に入植地を設置したいと考えていた。
>
> ［砂地がほとんどであるガザ地区の］砂山に立ち、政府閣僚に対し適当なエリアの正確な場所を指し示した。将来的にわれわれがガザ地区を統治することがあるとしたら、どのような場合でも、いまここにユダヤ人を存在させておく必要があるだろうと、私は伝えた。そうしなければ、後に何か問題が起きた時に、ガザ地区に居続ける意思を失ってしまうことになる。

また、エジプトからの武器の密輸を防ぐため、そして将来的にエジプトと和平を締結することを考えるうえでも、エジプトとガザ地区を分けるために、ガザ地区と「当時イスラエルが占領していたエジプトの」シナイ半島とのあいだにユダヤ人による緩衝地帯を設けることは必要不可欠であった。*5

補足しておくと、ガザ市、デイルバラ、ハーンユーニス、ラファは、南北四〇キロ余りのガザ地区にある主要都市であり、北からこの順に並んでいる（ガザ地区最南端の町ラファと、国境線を越えた先のエジプトとの間には、現在無数の「地下トンネル」が存在する【地図3】）。

入植地の設置によって、西岸地区と同様にイスラエルはエリアの領有を考えていたのは間違いないが、シャロンはガザ地区で、西岸以上にパレスチナの「分断」を念頭においていたことがよくわかる。

3　西岸のガザ化

ガザ地区をモデルにすると、パレスチナ全体の現在が明瞭化される。いま、イスラエルは、ガザ地区と同様、西岸地区を地区内での分断を行なう手法を取っている。そこに、隔離壁が活用されているのだ。これが西岸地区のブロック化である【地図2】。ガザ地区というケースがある以上、西岸地区のブロック化はもちろん、そこに工業団地が設置されるという構造も偶然起こったとは考えにくい。第二次インティファーダという事象は、「西岸のガザ化」と捉えると理解しやすい。パレスチナによる「民衆蜂起」を、イスラエルによる政策の達成過程とするのは多少強引に聞こえるかもしれないが、第二次インティファーダは、まさに「西岸のガザ化」が実行された時期と重なる。第二次インティファーダが開始された二〇〇〇年、以下の点で「ガザ化」されてはいなかった西岸地区だったが、いまその過程が概ね完了した。

A　都市部各所が、「柵」で囲われていない。

B　隔離後に、イスラエル政府が管理する大規模な「工業団地」の設置がなされていない。

［A］については、隔離壁の設置が典型的な事例であるが、実情はこれにとどまらない。オスロ以降、西岸を南北に走る幹線道路はユダヤ人専用道路として整備された。この道路網、いわゆるバイパス道路が、隔離壁を補完するように西岸地区のブロック化を加速させている【地図4－a・4－b】。

［B］については、五節で後述する日本政府がヨルダン渓谷において〇六年から進めている計画が、典型例となる。他に、ドイツやトルコ、フランスが、援助を使って西岸地区に工業団地を設置することを計画している。

「西岸のガザ化」がガザ地区での統治システムと違うのは、援助の関与という点である。これによってイスラエルは、占領体制の強化を図りながら、占領の経費負担を軽減させることにも成功した。現状で和平を進めようとすれば、誰かがパレスチナを「食わせる」必要がある。イスラエルによる占領を不問にすることで、「食わせる」責任を要求できなくなった国際社会は、自らそれを支払うはめになった。その経費の増加を抑える工業団地というシステムは、国際社会にとっても好都合であった。

こうしてイスラエルは、西岸での占領体制を強化しながら、経済的な利益も得ることになった（分類④）。また、西岸地区は自立的な経済活動を行なうことができないため、イスラエルだけでなく国際社会の意向に従わなければ、西岸地区もガザ地区のように、一瞬にして干上がることになった。「ガザ撤退」については改めて詳細に分析するが、その時に決定された「Disengagement Plan」という名のイスラエルの政策に記された以下の一文が、「西岸のガザ化」の文脈でも有効に機能した。

イスラエルで就労するパレスチナ人を、限りなく減らしていく。（つまり、原則パレスチナ人のイスラエルでの就労をなくす。）

二〇〇二年に隔離壁の建設が始まると、イスラエルと占領地の境である「六七年の境界線」と隔離壁に挟まれたエリアで、工業団地の設置も行なわれるようになった。その場所からイスラエルの幹線道路に繋がる道路が新設された。「六七年の境界線」と「隔離壁」のあいだの区域はイスラエルとはいえないため、イスラエルの労働法は適用されない。

日本の計画を含むこうした新しい工業団地は、ガザ地区の「エレツ工業団地」とは違う点が二つある。（日本のプロジェクトが行なわれているエリアに隔離壁はないが、入植地などに当たるイスラエルの管轄地、エリアCが同じ役割をする。）

1 工業用地としての整備が行なわれた後は、企業に貸し出すかたちにする。

2 道路や、上下水道の整備などに国際社会からの支援を投入する。

西岸地区における工業団地の計画は、実はオスロ体制期に立案されたものが叩き台になっている。その時は、イスラエルとパレスチナの経済協力の一手法として考えられ、六七年の境界線沿いに設置することになっていた。（他の工業団地と異なり、オスロ体制期の計画にない場所であることからも、日本のケースには細心の注意が必要である。）第二次インティファーダの開始もあって一旦中止されていたこの計画が、隔離壁とセットになった形で、シャロンによって再開された。

西岸地区には、無数の入植地はあった。第二次インティファーダが始まる前に、バイパス道路の整備も始まっていた。それがシャロンの首相就任から、西岸のガザ化に不可欠な要素として利用され始める。隔離壁は、入植地を囲むように建設することで、西岸地区内のブロックをより強固なものにし、ブロックの内部、またはすぐ外側に、工業団地が設置された。

こうして、西岸地区は、多くの「ガザ地区」の集合体となり、同地の経済は、急速に外部への依存度を高めていった。ガザ地区で行なわれたのと同じように、西岸地区の内部における細分化・ブロック化を加速させた原因が、やはりオスロ合意にあることを、ロイは強調している。

パレスチナ人の土地では、小さなブロックへの分割（Cantonisation）が進められました。人びとにきちんと把握されていないことは、〔一九九五年に締結された〕第二オスロ合意のさなか、それがアラファト元大統領（元PLO議長）によって容認された事実だということです。土地は押収され、バイパス道路によって細分化されていったのです。中東和平基金（FMEP）のウェブサイトに詳しい地図がありますよね。〔www.fmep.org 参照〕

多くの人は気がついていないかもしれませんが、パレスチナ人にとっての最悪の事態は、オスロ合意によって、直接的に生み出されてきました。それは、いま私たちが話してきたように、西岸が小さなエリアに細分化されることに表れています。

土地がエリアA・B・Cと三つに範疇分けされたのです。これによって、西岸地区は、エリアごとに切り離されました。（…）

周囲と切り離された大小のブロックが少なくとも一一ヵ所あります。この土地の細分化はオスロ合意の間につくられたのではなく、オスロ合意の存在が作り出したものなのです。このことは、きわめて重要です。

もしも、この合意が真の平和や持続可能な発展を意味するのならば、こんなに恐ろしい状況――持続可能で、意義深く、経済活動を営むための土地を、ブロックに分けて細分化するような政策――が実行されることはないはずです。

学生を相手に講義をするとき、私はよくこの現状を、スイス・チーズに喩えて話をします。穴が開いている部分が、パレスチナ人がコントロールできる範囲。穴と穴のあいだをコントロールできるのがイスラエル。それは、パレスチナ人が何もコントロールできないことを物語っていますね。だって、あなたは穴と穴のあいだを行き来できないんですよ。それって、どんな意味があるのでしょうか。

西岸地区内部のブロック化だけでなく、オスロ合意がガザ地区の西岸地区からの分断を強化したことについて指摘したうえで、こうした分断から読み取れるイスラエルの狙いについて以下のように続けている。

［オスロ体制下で］イスラエル政府は、新たな移動規制を導入しました。ガザ封鎖の規制を強める政策でしたが、ガザの封鎖自体は、オスロの前段階――九三年三月――に、すでに始まっていました。オスロ合意が、［エリアCは、入植地などイスラエルによる管轄地。イスラエルが治安権限を握るのがエリアBというように］西岸をABCと三つに範疇分けした結果、ガザ－西岸、西岸－イスラエル、ガザ－イスラエルの間の移動が規制されましたが、同時に西岸内部での移動にも適用されました。［当時、入植地のあった］ガザの内部でも、移動規制が実施され、これは、ガザの入植地撤退の時期［〇五年］まで続きました。［面積がひじょうに小さい］ガザもエリアごとに分断されたのです。

時期ははっきりしませんが、明らかなのは、オスロ体制下の和平プロセスにおいて、この分断政策［移動規制］が実施されたことです。オスロ初期の文書であるガザ－エリコ合意の文面を読めば、イスラエルが、初期の段階からガザを西岸から切り離そうとしていたというのは、多くの専門家と共通する見解です。

おそらく、［オスロ合意が締結された］九三年の段階では、どのようにそれを進めるかはわかっていなかったかもしれません。しかしイスラエルは、六七年から、ガザの西岸からの分断、という力学で動いてきました。当初は、［西岸から］ガザを切り離し、西岸だけを手中に収めるべきか、ということに関する緊張状態がありました。なぜなら、イスラエルにおける大原則が、西岸を支配することにあるからです。

西岸の支配を続けたいからこそ、イスラエル政府は、首尾一貫して政治的解決策を拒否してきたのです。政治的解決に着手することになれば、「イスラエルとパレスチナの」二国家分離が行なわれることになる。そうなれば、西岸の支配を諦めねばならなくなるから拒否する、というのが、当初からの基本姿勢でした。こうした事情は、常に明らかにされてはいませんが、六七年からイスラエル政府を緊迫させてきました。

では、彼らは、ガザで何をするつもりなのか。「占領が始まった六七年」当初は、「ガザを手中におさめなくてはいけない。ガザは西岸同様に重要で手放せない。パレスチナ人に土地を返してはならない」と強く主張する閣僚もいました。時を経て、この意見は「ガザを直接的に統治したくない。ガザに統治に伴う責任を放棄したい」という見方に変わっていきました。

なぜでしょう？　ガザが、イスラエルの占領のルールに、徹底的に武力で対抗する温床地帯だと知ったからです。

一方で、西岸は違ったのです。入植地の拡大、土地の押収、規制、超法的暗殺行為などあらゆる手段を用いて、西岸は、効果的に抑圧されていきました。むろん、西岸で抵抗がなかったとは言いませんが、西岸はガザと違い、段階的に抑圧されていきました。イスラエルは、西岸を支配し、植民地にしていきました。

しかし、ガザ市民はそう簡単に抑圧されなかったのです。ガザ地区が「抵抗の地」であるからこそ、「撤退」によってイスラエルに利用され、その後は、情け容赦のない苦境に追い込まれたことは、皮肉としか言いようがない。

4 ヨルダン渓谷

ガザ地区を、一言で表すと「イスラエルへの抵抗」となるのであろう。しかし、詳しくは後述するが、このガザ地区のイメージは状況を俯瞰的に眺めると、必ずしも適当ではないことがよくわかる。一方ヨルダン渓谷は、ガザ地区とは正反対で、「イスラエルへの服従」という色合いが強いエリアである。しかしヨルダン渓谷における「服従」は、目に見える形での抵抗が少ないというだけで、占領の過酷さという本質的な問題でいえばガザ地区に劣るものではなく、見方によってはそれを凌ぐ。この過酷さが、人びとを「服従」させ、エリアの特性が、それを顕著にさせているのだ。

ヨルダン渓谷は、西岸地区の約六分の一の面積を占めるパレスチナではとくに大きなエリアである。しかし人口が約九万と極端に少なく（西岸全体の三・七パーセント）、一平方キロ当たりの人口密度は九四人と、ガザ地区のわずか四〇分の一である。しかも、面積の約八〇パーセントがイスラエルの管轄地であるエリアCとされているため、その統治が徹底されている【地図2】。
以下が、ヨルダン渓谷の特徴である。

・面積が大きい。（ヨルダン渓谷を、ジェリコ（エリコ）、トゥバスの両行政区に絞っても、西岸地区の約六分の一に当たる。南側のベツレヘムやヘブロン東部を加えると、約三分の一となる。）
・人口が少ない。
・気候的には温度が高いが、降水量が少なく水源も限られる。
・八〇パーセント以上の面積が、入植地や軍の管轄地域である。
・ヨルダンとの国境線に沿って広がっている。
・ヨルダン川に接している。

冒頭でも触れたように、同エリアのほとんどがイスラエルが管轄するいわゆるエリアCである。喩えてみると、イスラエルのなかに少数のパレスチナ人が存在するような状況だ。

エリアCとは、イスラエルが行政－治安の全権限を握るエリアである。占領地のなかにありながら、イスラエルにおける行政区として扱われ、実質併合されてしまっているに等しい。ヨルダン渓谷の場合、東側がヨルダンとの国境線に当たるため、入植地以外にも、イスラエル軍の管轄地が広がっている。また、ヨルダン川周辺の水源を確保する意味からも、イスラエルは同地の支配を徹底してきたと考えられる。

エリアCに、治安権限がイスラエルにあるエリアBを加えると、なんとヨルダン渓谷の八六パーセントになってしまう。ここに存在するパレスチナ人は、六七年以後、イスラエルの許可なしには新たな建設作業も、修繕作業も認められていない。また、水道の使用や電気の供給もないため、イスラエル当局の目を盗んでタンクに水を貯蔵し、小型発電機で家庭用の電力を賄っているのが実情だ。住宅が破壊されるケースも目立つ。しかも、再建にはイスラエルの許可が要る。

エリアとしては西岸地区の主要都市から比較的距離があり、そのあいだに岩山があるという地形のためアクセスが悪い。同エリアの周囲には隔離壁は存在しないが、周囲を国境と岩山に囲まれている状況と、エリアのほとんどがイスラエルの管轄地であることで、隔離壁はなくても、他のエリアとの分断は著しい。人口一・六万人のトゥバス、二万人余りのジェリコという町はあるが、主な就労先は入植地にある農場や工場に限られてしまう。収入を確保するためには、イスラエル人と働かなければならないのが現実だ。

この状況を政治的に何も変えることなく、日本は援助に着手した。計画の名前は、「平和と繁栄の回廊」構想とされ、公式には小泉元首相が〇六年七月に中東外遊を行なったさいに、彼によって提唱されたことになっている。中心となるプロジェクトは、農産業団地の設置である。

「平和と繁栄の回廊」構想は、実は〇六年に始まったものではない。〇五年にはJICAパレスチナ事務所から、調査についての請負企業募集の告示がなされており、また〇三年から、コンサルタント会社を同伴したJICA職員によって事前調査などが始められていたと、世界的に知られた国際NGOの職員が、日本人関係者の名刺のコピーを提示しながら証言している。

事前に構想は準備され、「ガザ撤退」後に本格的に始められたのだ。

「平和と繁栄の回廊」構想について、まずは概略を述べておく。最初に行なった分類でいえば、主に②の「パレスチナの弱体化」と③の「国際的な承認」に当たる。

日本の国内事情からとくに注視しなければならないのが、現行のプロジェクトへのJICAの関与であり、むしろJICA主導とさえ言える部分である。〇五年当時のJICAは、ODAの無償資金援助と技術協力の案件実施する独立行政法人であった。（〇八年度から、国際協力銀行の海外経済協力業務部門がJICAに加わったことで、有償資金援助も取り扱うようになった。）

以下が、日本の計画におけるJICA関与についての主たる問題点である。

A　公式に計画が立ち上がる以前に、プロジェクトの実施箇所と、プロジェクト内容を、JICAが独自判断で行なった可能性が高い。

——例えば、〇五年一〇月に外務省が発表した、「ガザ撤退」を受けて実施するパレスチナ支援策の文書中には全くないエリアへの支援、内容を、JICAは同年八月の時点で公示している。

――予算は、ODAから拠出される。

B ［A］の一例として、「ジェリコ地域開発計画」という公示が〇五年一〇月実施予定、同年九月に公示されているが、その後まとめられた同計画の報告書中には、「ヨルダン渓谷」にあるエリアCについての調査結果が記載されている。（中東に不慣れな受注先コンサルタントが、状況に詳しい日本人団体に情報提供を求めたという事実もある。）

――エリアCでの調査はイスラエル政府との調整が必要であり、JICAが本来行ないうる範疇を超えた「外交ターム」である。


［A］のようなことが起きれば、JICAが、担当国における「援助」事業の「内容」について、高度に政治的なエリアでも「実施箇所」を決定できることになる。つまり、JICAが、ODAに相応しい事業だと判断を下せば、政治決定を待つことなく（つまり、民主主義的プロセスを一切経ることがないままで）税金が投入されることになる。

「ジェリコ地域開発計画」についての調査は、〇五年一〇月から〇六年九月にかけて実施された。その後半期に当たる〇六年七月に当時の小泉首相がイスラエル、パレスチナ、ヨルダンを訪問し同計画を正式に立ち上げた。が、当時JICAパレスチナ事務所の所長が、「自分が、この計画を考えた」

という内容を、現地在住の日本のマスコミ関係者に語っている。たとえ非公式の段階で、外務省の関与があったにしても、満足な形で情報が公開されないまま税金が投入され、エリアCでの調査が行なわれた事実は明らかに行き過ぎである。

こうした事実もある。

○七年八月に、麻生外相（当時）が中東を外遊する直前に、以前はシャロンと同じ右派のリクード党の国会議員であった当時の在日本イスラエル大使エリ・コーエンが、朝日新聞の取材に対し、「同計画は、自分が小泉首相に提案したものだ」という趣旨の返答をした。[*6]

コーエン大使は、農産業団地の適当な設置場所をジェリコ地区を挙げた。この場所は、エルサレムの東側に当たり、西岸地区の南北分断のため、国際社会の反対があってもイスラエルが入植活動を進めてきた場所である。彼は、以前この地区の副市長を務めた経歴をもつ。

以下が、○六年当初の同構想の原文である。

イスラエルとパレスチナの共存共栄に向けた日本の中長期的な取組

「平和と繁栄の回廊」創設構想

平成一八年七月

一、基本的考え方

（1）持続的な和平実現のためには、「平和の配当」を人々にもたらし、当事者間の「信頼醸成」を促進することが重要。

（2）現在、イスラエル・パレスチナ間の和平に向けた取組は深刻な困難に直面しているが、二国家構想が唯一の解決策であり、現状への対応と同時に共存共栄に向けた中長期的な取組が重要。

（3）二国家構想の実現には、持続的な経済開発を伴う、健全なパレスチナ国家をイスラエル、ヨルダン等近隣諸国との協力を得て樹立することが不可欠。

（4）持続的な経済開発の鍵は民間セクターが握っている。西岸においては、農産業が経済開発の主導的役割を果たし得る。

（5）域内協力の結果のみならずプロセスが当事者間の信頼醸成の観点から重要。

二、日本の関与のあり方

（1）上記の考え方に基づき、パレスチナ、イスラエル、ヨルダン、日本の四者からなる協議体を立ち上げ、日本のODAを戦略的・機動的に活用しつつ、域内協力の具体化に取り組む。日本は、最初の四者協議をホストする用意がある。

（2）日本は、より長期的な見地から、イスラエルとアラブ諸国との信頼醸成と地域経済協力を推進する媒介役を果たしていく。

（3）実務的に取り組み、関係者間の協力と信頼関係を促進し、人々に将来への希望を与える、というアプローチを採用。

三、具体的な案件例

（1）農産業団地の設置

日本は、ヨルダン渓谷西岸側に農産業団地を設置するための事業化調査（F／S）を実施する。同F／Sの結果に基づき、事業化に必要な資金調達の方途が検討される。運営面を含め、必要な技術協力を行うほか、民間部門の参加を慫慂する。また、国際金融機関等との協力も検討。

（2）物流の促進

日本は、上記農産業団地の産品の輸送に必要な協力を実施する。

パレスチナ人たちが、小規模ながら農業を営んでいるケースが多い一方、ヨルダン渓谷の入植地では、大規模農業が営まれているケースが多い。数時間、この回廊を回ってみれば明らかになるが、エリアのほとんどが八〇〇〇人にも満たないユダヤ人入植者によって、独占的に利用されているのが現実だ。このエリアに、日本はパレスチナ人に労働機会を与える農産業団地を設置することで、経済の発展に努めるという。

「政治的決着が全く不透明ななかで、日本に、このように複雑なエリアでの開発計画が行なえるはずがない。従来のような、インフラの復旧作業などに専念すべきである」とは、マクギル大学（カナダ）の政治経済学者レックス・ブライネンが、〇七年一月に、日本による農産業団地設置について示した見解である。

パレスチナにおける国際社会からの援助を専門とする同教授は、計画の詳細が分からない状態でも、「止めたほうが良い」と言い切った。

ブライネンは、基本的にこうした工業団地の設置にはまったくの反対ではなく、二国家分離政策を支持するうえでの選択肢として認識している印象であったが、「いまはどこに設置するにせよ難しい。とくに、エリアCと呼ばれるイスラエルの管轄するエリアで行なうのは、困難を極める」との立場を取った。

また、イスラエル軍の「撤退」後、七〇年代からガザ地区で稼動していたエレッツ工業団地の再稼動が検討され、世界銀行のなかでも専門スタッフが調整に奔走したが、中止になっているという例も引き合いに出し、日本にはとても無理であると語った。しかし、こうした状況について、複数のＪＩＣＡスタッフが、「とくに厳しい状況にある者たちへの支援ができる」と肯定的に見解を示していた。

5 日本による占領の強化

日本の援助は、ヨルダン渓谷を「平和と繁栄」から逆行させる危険度が高いといわざるをえない。国境の管理をイスラエルが行なっている状況で、同エリアに「農産業団地」を設置しても、イスラエル側からの許可なしでは産物を輸出することは不可能だ。また、〇七年に、イスラエル側の当時の責任者からえた証言では、日本政府関係者から、「入植地で作られた農産物を、同地で加工することについて同意を得た」という。これが事実なら、入植地の経済を支えることになってしまい、イスラエルの占領を文字どおり強化すること以外のなにものでもない。仮に、パレスチナが近い将来独立することがあっても、自国に多大なメリットのある状況を、イスラエルが無償で手放すとは考えにくい。

この計画が始まって以降、日本政府から今後に大きな禍根を残すような決定がなされている事実もある。〇七年八月、当時外相であった麻生太郎が中東に渡り、同構想の進展について協議しているが、そこで当時のオルメルト首相から、同構想にはイスラエル人実業家が関与していることが語られている。この人物は、電気自動車ビジネスに関わる、日産自動車のイスラエルにおけるビジネス・パートナーであった。また、ペレス大統領から、ジェリコ地区に繋がる道路の整備について要望が出された。整備箇所としては、ジェリコ－ヘブロン、そしてジェリコ－ラーマッラーが言及された。

これらは、イスラエルの管理するユダヤ人専用道路を維持しながら、パレスチナ人への移動障壁を軽減するために考案された、二重道路体制を確立するためのパレスチナ人用迂回路に当たる。

西岸地区の幹線道路がバイパス道路と呼ばれるユダヤ人専用道路になっているため、パレスチナ人が直線距離で移動するのは難しい。こうした事態の「改善」のためイスラエルが考案したのが、迂回道路の整備である。バイパス道路と交わるところには、高架や小トンネルが設けられ、検問を通らずに移動できるようにした。

しかし、これは単に検問での待機を軽減しただけで、幹線道路の使用禁止/制限は固定化し、これによって、燃料費の増大と、移動時間の増加がパレスチナ人に課される。また、バイパス道路による西岸地区のブロック化を、効果的に進展させるシステムである。

日本政府は、会談直後にジェリコータイベ（ジェリコーラーマッラーの中間地点）までの道路補修事業に資金を捻出することを発表し、〇八年七月には、国連開発計画（UNDP）がこの事業の工事を開始した。**分類②**の、物理的制約の付加による「パレスチナの弱体化」を、日本政府自身が行なっているのだ。

〇七年からカルテット（中東和平についての、国連、アメリカ、EU、ロシアの共同体制）の特使に就任した前英国首相トニー・ブレアが、再三にわたってヨルダン渓谷における日本の援助を特筆すべき事例だと語ったように、「ガザ撤退」後、イスラエルは、国際社会と共同して、経済援助を使った工業団地の設置によってパレスチナの「経済」にてこ入れすることに力を注いでいた。日本政府やJI

CAからしてみると、この路線に沿い、仮に成功すれば世界に先駆けた事例になり、「中東和平への貢献を示せる」と考えていたのだろう。さらに、援助を使って中東での利権再配分を有利に働かせようという狙いがあることも充分考えられるが、動向を見る限り浅はかであるとしか思えない。

○九年六月には、外務省とJICAの関係者による内部の会合で、ビンヤミン・ネタニヤフ政権の提唱する「経済的和平」[*7]を引き合いに、それが「政治的和平の代替にならないことは当然であるが、この状況を〈てこ〉にして、回廊構想を進めていくための絶好の機会である」という見解が示された。いまのような形での「政治的和平」が、パレスチナの平和に寄与するかさえ大きな疑問があるなか、「政治的和平」を棚上げにしても、回廊構想は実現させたい、というのだ。

ヨルダン渓谷については満足な検証がなされていない。しかも、独自の政治姿勢も、イスラエルに圧力をかけるだけの政治力も外交力も持たないまま、日本政府が事業を進めているのは危険だ。

西岸地区での分断は固定化し、人びとはパレスチナ人としての共同体意識を確実に奪われつつある。こうした実情から、そして計画の背後に国際社会の後押しがあることから、何より国際合意の遵守について強い圧力をかけられている西岸地区のファタハ政権の意向が、パレスチナのそれを反映しているとは言いにくい。また国際社会やファタハ政権の主張を、真に受けるわけにはいかない。現状の過酷さについて、ロイは「物乞い」という表現さえした。

最近のイスラエルの政策によって、ガザでは経済的土台を完全に破壊され、パレスチナ人は、政治的・国家的主張者ではなく人道支援の対象者、つまり「物乞い」に変えられてきました。もっとも、ガザ攻撃が始まるずっと前から、ガザの人びとは、国際社会によって物乞い――チャリティ・ビジネスの対象者に変えられてしまっていましたけれど。これこそが、まさにイスラエル政府が意図してきたことです。そこにイスラエル政府の狙いがありました、人びとを弱体化させられるので。

また、「物乞い」に変わるということは、パレスチナ人が政治性を宿した国家運動体として認知される、あるいは、認知されるべきだというある種の信仰やアイディアを消滅させるための非常に有効な手段にもなります。

決していい方法とはいえませんが、オスロとガザ-西岸の分断により、イスラエルはこれに成功したと思います。なぜなら、彼らは状況を正確に把握しているからです。

土地を分断し、孤立化させ、人間の気力を弱らせ、破壊することを同時に行なえば、人びとは相互関係を維持できなくなります。政治的、経済的、社会的、さらには精神的に結束できなくなれば、パレスチナ人は国家的集団として、まとまることが不可能になります。

いまガザに行けば、人びとは西岸のことを、日本、ロシアなど外国のことと同じレベルで話します。ガザの人びとは、ラーマッラーやジェニン［ともに西岸の主要都市【地図1】］に行くことが想像できないのです。同じことは西岸でも言えます。そこでガザの話をすれば、まるで、よその惑星に行くような話になるわけです。(…)

ラーマッラーにいる知人の場合、こんなです。夫はラーマッラー出身で、妻はガザ出身。結婚して随分になり、確か一〇歳と一二歳の子どもが二人います。が、[妻方の]ガザにいる祖父母は、孫と一度も顔をあわせたことがないのです。こういった類の話は、数え切れないくらいあります。個人レベルで考えてみれば、ある家族が、ガザにいる身内と交流ができないということですね。

ラーマッラーからガザなんて遠くないから[約七〇キロ]、一日あれば歩いていけるじゃないですか、昔はハイキングをしていたくらいですよね。(…)

この状況では、人びとが他者のことに思いをはせなくなる、とまでは言わないけれども、少なくともパレスチナ人は、[自分たちを]国家集合体という認識で、お互いをみることはできないでしょう。日常生活が、これほどまでに規制され、困難に直面しているから。多くの人は、この地点AからBに移動すること、仕事にいくこと、子どもを学校に行かせること、どこに食べに行くのか選ぶこと、チェックポイントで一〇時間またされずに日用品を買いにいくこと、そんなふうに、狭い範囲のことに意識を向けるよう強いられているのです。これは、間違いで起こったわけではありません。もともとそういうふうに仕向けられたのです。

あなたが指摘するように、[西岸内部に]ガザが数多くできてしまうのと同じことですね。西岸は、内部的に分断されています。そして、西岸は、ガザとも分断され、互いに孤立しています。

ロイは、西岸地区とガザ地区がファタハとハマースという二つの政権に分かれたことも、「分断させられた」と語る。占領が不問にされ、占領という言葉さえ使われなくなったことで、これらの全てが、パレスチナ人の選択として語られている。パレスチナの分断を一通り語った後、「何年ものあいだ、国際社会はラーマッラーをサポートし、ガザに罰を与えることで、西岸とガザの分断に拍車をかけています。国際社会が、再度この分断を強めているのです」、とロイは補足した。

6 「ガザ撤退」

コップの喩えに戻ろう。

コップの底は、オスロ合意によって留め具を外されてしまっていた。ぐらついていたコップの底を、完全に外してしまったのが「ガザ撤退」である。〇三年に締結された「ロードマップ（中東和平に向けた行程表）」には記されていた「占領」という言葉が、〇五年の「ガザ撤退」を境に、国際社会の政治発言から消えた。これによって、イスラエルは「占領」をそれまで以上の武器に変え、イスラエルの最終目標であるユダヤ人国家の画定に向けて勢いを増した。
「ガザ撤退」以降、国際社会は、パレスチナがイスラエルの意向に従わない場合に、制裁を行なうようになり、その典型例が援助の中止である。しかしそれは、他の、オスロ合意にも劣らない、巧妙な狙いが込められていた。その一つが冒頭で紹介した、「占領があるから、イスラエルを攻撃する」というパレスチナ側の主張の抹殺であった。が、「ガザ撤退」の実態は、それだけでは収まらないのだ。

撤退直前の〇五年七月に、「ガザ撤退」の目的について、当時イスラエル首相であったシャロンはこう語っている。

（…）最終的な地位協定がどのような形になるにせよ、ジュディア・サマリア（イスラエルの使う西岸地区の聖書由来の呼称）にある主な人口密集エリアは、イスラエルの一部として維持される。また、六七年の境界線に後退することも、イスラエルへのパレスチナ難民の帰還もなくなる。*8

正式名称を「Disengagement Plan」というこの政策の原文に、「六七年の境界線」の実質無効化、「難民の帰還権」の反故化が起こった理由が見出せる。「Disengagement Plan」によれば、ガザ地区内部からイスラエル軍と入植地は撤退・撤去されるが、それは概ね以下のような状況においてである。

・ガザ地区の制空権、制海権はイスラエルが管理する。
・イスラエルとの境界に加え、エジプトとの国境の管理もイスラエル行なう。
・ガザ地区の周囲・周辺にはイスラエル軍が配備され、イスラエルのセキュリティが脅かされる恐れがある場合は、軍事力を行使する権利がある。

ガザ地区の実質的な統治（占領）が終わっていないのが明らかな状況で、自治区全体の面積の六パーセント余りでしかないガザ地区からの「撤退」によって（正確に言えば、加えて西岸地区の一部からの撤退も行なわれたが）、イスラエルは比較にならないほど重要なものを手に入れた。

A　西岸地区の入植地には、将来的にイスラエルの領土となる箇所がある。
B　イスラエルはユダヤ人国家となり、パレスチナはパレスチナ人のための国家となる。
C　ガザが占領地だという根拠を曖昧にする。

［B］［C］については、最終版である「Revised（改正版）Disengagement Plan」では削除されてはいるが、原案は違い、そこにイスラエルの狙いがより明確化されていた。実際、この政策が実施され

る直前の〇五年四月に、当時のブッシュ大統領からのシャロン首相に宛てた書簡のなかで、［A］と［B］については承認されている。ブッシュは、「パレスチナ難民は、パレスチナ国家に帰還する」とも強調している。

［C］について言えば、ガザ地区の占領という内容自体、同書簡では触れられていない。和平プロセスの一環として、イスラエルの行動を最大級に評価している以上、［C］については、語るまでもなかった、という解釈ができる。

「Disengagement Plan」は、イスラエルが「一方的」に決めたイスラエル・サイドに立った主張そのものである。それを、アメリカに続き国際社会が、和平に向けた重要なステップとして全面的に評価した。つまり、「六七年の境界線」の無効化も、「難民の帰還権」の反故化についても、オスロ合意のように前提から排除するだけでなく、「変更」を、国際社会が積極的に承認したといえる。

以後、国際社会によるイスラエルとの協調姿勢が、急速に強まっていく。では、なぜそうした事態に至ったのか。再度、冒頭で行なった分類に戻って話を進める。

① 土地、資源の獲得（同じ土地を分けるうえで、多くの土地と、資源を手に入れる）
② パレスチナの弱体化（隔離壁などの物理的制約、パレスチナへの義務の強要など）
③ イスラエルに有利な理念の強調、国際的な承認

④　経済的な利益の拡大
⑤　ユダヤ人国家・イスラエルの実現

ガザ地区には、イスラエルにとって多大な利益となるような土地（面積）や、資源はない。そのため、最初に分類した②③④⑤、とくに③⑤をより効果的に実行できるように、「ガザ撤退」は使われた。また、⑤を、実現可能な段階にした。イスラエルは、一方的にガザから撤退するという「小さな犠牲」を使って最高の結果を引き出した。

つまり、「不要」に近いものを「高価」に見せることによって、実際に限りなく「高価」なもの（西岸地区での①の加速、②の推進、④の獲得、③⑤の飛躍的進展）を当たり前のように自らのものにした。国際社会は、それが「高価」でないことなど重々承知しながら、シャロンの猿芝居に乗ったのだろう。

まとめると、「六七年の境界線」の無実化、「難民の帰還権」の反故化を中心に、イスラエルはさらに以下のような成果を収めた。

A　国際法に違反する入植地の撤去が、義務ではなく「平和への努力」という正反対の位置づけで肯定的な評価をされるようになった。→③（国際的な承認）

B　西岸地区の主要部分の領有に有効な隔離壁の建設を、治安の維持という意味付けで、国際社会に

承認させた。→①（領土・資源）②（弱体化）＋③（国際的な承認）

C　ガザ地区の経済を、エジプトと接近させた（イスラエル、西岸から物理的に切り離す）。→⑤（ユダヤ人国家／難民の帰還権）

D　チュニジア、トルコなどのイスラム諸国が、イスラエルとの経済的結びつきを持つ、または強めた。→④（経済的利点）

まず、［A］について。

入植地の撤去が「平和への努力」として評価されたことにより、入植者が一般市民と概ね同位置にあるものとして扱われることになった。これによって、「テロ」の概念が実質的に変更され、パレスチナ人によるイスラエル市民に対するいかなる攻撃も、テロとみなされる土壌が整った。

あまり語られてこなかった［C］は、とくに重要な項目である。

まさにイスラエルの意図を多く反映している部分であると私は考えるが、その狙いは、「難民の帰還権」の反故化を加速させるための「布石」であろう。「ガザ撤退」後、ガザからの出入りに使われるイスラエルの検問所では出国、または入国のスタンプが押されるようになった。ガザ地区は、完全に外国として扱われ始めた。

こうした状況で、完全に近い経済封鎖が行なわれた。元々経済基盤が壊滅状態であるところに、

「テロ」一掃を訴えるイスラエルが、北側（イスラエルとの検問）の間口を閉じたのである。向から方向は一つしかない。そうなると思い出してほしいのが、ガザ地区住民の性格である。七〇パーセント以上が難民である。

〇八年一月には、エジプトとの国境線沿いにイスラエルが設置した金属壁が破壊され、七〇万人以上とみられるガザ地区住民がエジプトになだれ込んだ。「ガザ撤退」の結果、「ガザの経済がエジプトに急速に接近した」、といえる。

ロイもふれているように、いまのガザ地区の経済は「トンネル」なしでは成り立たない。エジプトとガザ地区南部の町ラファの間には、国境をまたぐ形で一〇〇〇を超えるとみられる無数の地下トンネルが掘られている。こうしたトンネルは随分と前から存在したが、それが近年の厳しい封鎖で桁違いの数にまで増加し、生活必需品から、ガソリン、家庭用ガス、家畜、自動車やオートバイまでエジプトから運び込まれている。

エジプトにすれば、物価の高いガザ地区との交易は利益になるが、大量の難民を受け入れることや、エジプトの反政府的政治勢力であるイスラム同胞団との関係性が深いハマースの構成員が国内に入ることは認められない。そのため、ガザ地区との国境をほとんどの期間閉ざしていても、国境の地下に掘られたトンネルについては、黙認という姿勢をとったと考えられる。しかし、武器の「密輸」を理由に国際社会やイスラエルから圧力がかかれば、エジプトは「輸出」を制限し、〇八年のようにトンネルはあっても物資が運ばれない。この状況で、国境間に設置された巨大な金属壁が倒されたのだ。とはいえ、アラブ諸国として非情に徹することは困難な立場にもあるため、エジプト政府は即時に国境を閉ざすことはできなかった。

「西岸のガザ化」で触れた、「Disengagement Plan」のなかの経済に関する一文の意図が、ここでも大きく作用する。

イスラエルで就労するパレスチナ人を、限りなく減らしていく。（つまり、原則パレスチナ人のイスラエルでの就労をなくす。）

「ガザ撤退」の直後、イスラエル当局の関係者がその期限について発言していることも見逃せない。実現はされなかったが、「〇八年中に」とした。これも、イスラエルからガザ地区を、可能な限り切り離す狙いを如実に示している。

ガザ地区経済がよりエジプトに近ければ、住民の出口も一方向に定まる。そうなれば、「自ずとある状況に向かう」、という狙いであろう。難民が出て行く、というわけだ。占領地全体の六〇パーセントを超える難民がガザ地区に集中している。「ガザ撤退」は、ガザ地区の難民たちをパレスチナから離す働きをした。西岸地区における「境界線」の変更がより現実的になったことで、イスラエルは、パレスチナ難民の帰還先を「パレスチナ国家」であると強調し、さらに、「難民の切り離し」の布石を打つことによって劇的な進展を図った。

また、国際社会が、自ら「〈テロ〉に全力で対処するイスラエル」の政策をいわば代行するようになった。「テロリスト」対イスラエル・国際社会という構造を完成させたのが、「ガザ撤退」であった。

7　国際社会による制裁

「ガザ撤退」、そして「西岸のガザ化」が完成するなかで、パレスチナ内部の政治構造にも国際社会の意思が、直接反映されるようになった。

選挙による正当性を持たない西岸地区のファタハ政権が、イスラエル－国際社会に連なる立場を取るようになった。そのため、日本が援助を行なうさいに被援助国の承諾が必要な場合にも、ファタハが反対することはまずない。あるとすれば、ファタハ内部での利権獲得争いが、原因の場合くらいであろう。

とくに重要なのが、治安部隊への国際社会の関与である。イスラエルの求める方向性に沿う形で、国際社会は治安の維持をパレスチナに求めるようになった。また、そこにも援助を使っているが、これもガザ地区から始まった。

○六年三月に誕生したハマース政権を、オスロ合意を守ろうとせず、イスラエルを承認しないということで、国際社会はハマースに対する制裁を始めた。まずEUが、自治政府の給料に充てられていた援助を中止した。その恩恵に預かっていたファタハ系の自治政府職員は、EUではなくハマースを強く批判した。住民の手に入る現金が減るため、経済がより逼迫するため、一般市民のハマース離れも加速する、と睨んでの措置であろう。続いて、銀行を通じた送金も時期によって異なるが、停止または大幅に制限されることになった。

続いて、アメリカから兵器を提供されたファタハが、ハマースと武力抗争を始めた。これが「内戦」の実態であった。【年表参照】

ファタハが、オスロ以降の国際的合意の遵守を条件に「正当」化された一方、イスラエルが和平に踏み出す条件として訴える「テロ」の撲滅を迫られてきたのは、この時に始まったことではない。が、内戦にも例えられる状況は、それまでないものだった。これによって、ファタハが国際社会に変わって、「テロ組織」への徹底した制圧を実行するという構図が完成した。

○七年七月に、ガザ地区からファタハの指導者が追放されると、国際社会の支持の下、ファタハは西岸地区で政権を樹立した。注目すべきは、ファタハの幹部は、イスラエルを通じて西岸地区に渡ったという事実である。

オスロ合意以降の主な動向（1993-2009）			
1993		★	オスロ合意締結
1994		・	ガザ・ジェリコ先行自治開始
		・	パレスチナ自治政府発足
1995		★	オスロII合意（暫定自治拡大協定）
2000	09.29	★	第二次インティファーダ勃発
2001	09.11	・	アメリカ同時多発攻撃、いわゆる〈9・11〉
2002	02	★	シャロン政権発足（右派リクード中心）
	03〜	・	パレスチナ占領地への全面的な大侵攻
2003	06	★	ロードマップ締結
2004	06	・	ガザ撤退計画公式発表
2005	08-09	★	ガザ撤退実施
2006	01	・	シャロン首相倒れる
	01	・	ハマースが選挙に勝利
		★	ハマース政権発足
	04	・	オルメルト政権発足（当初は暫定首相。シャロンが結成した新党カディマ中心）
	06-11`	・	ガザ攻撃
	07	★	日本政府「平和と繁栄の回廊」構想を公表
	07-08	・	第二次レバノン戦争
2007	03	・	ハマース・ファタハの連立内閣発足
	06	★	ハマース、ガザ地区を掌握（連立内閣崩壊）
	11	★	中東和平国際会議（アナポリス）
2008	12.27-09.01.17	★	ガザへの大規模攻撃
2009	01.09	★	パレスチナ大統領の任期切れ（国際社会の支持によって延長）
	03	★	ネタニヤフ政権発足（右派リクード中心）

★は本章で扱われた項目

ガザ地区がハマースに掌握されると、国際社会は、西岸地区の政権としか公式な関わりをもたなくなった。

ガザ地区からファタハ幹部が去ったいま、規模を拡大して同じことが西岸地区で行なわれた。〇八年の中東和平国際会議の結果を受け、国際社会はファタハに、和平を促進する名目で治安部隊を新設させた。援助がその運営費を賄い、技術的には、アメリカ国防省がこの治安部隊のトレーニングを担当している。つまり、イスラエルが求める和平の前提条件を満たすために、国際社会というスポンサーから資金と技術を提供された西岸地区の政権（ファタハ）が、ハマースなどの反対分子に圧力をかけているのだ。

国際社会がファタハを支持する表向きの理由は、ファタハの大統領の存在にあったが、アッバースの所定の任期は〇九年一月に切れている（現在、暫定的に任期が延長されている状態）。

ＥＵが中止した自治政府職員の給料への支援は、オスロ合意に基づいて始まったものである。オスロ合意は、前述したようにイスラエルによる占領を強化するシステムを内包していたが、国際社会は、当初はいまのような形での制裁は行なわなかった。それが、「ガザ撤退」を契機に、国際社会が自ら**分類**②に準ずる規制を行なったのだ。

こうしたオスロ合意の危険性について、同合意の作成にパレスチナ側から関わった自治政府議会議員ムスタファ・バルグーティーは、こう語っている。インタビューを行なったのは、ハマース政権が発足した当日（二〇〇六年三月二八日）のことである。

援助金拠出国と共にファタハが犯した最大の間違いが、六万人を超える規模の巨大な治安機構にある。これは、本来一万二〇〇〇人で十分である。（…）この構造が、パレスチナ経済が援助に依存しなければならなくなった最大の理由である。

［治安当局がこれほど巨大になったのは、オスロ後に］イスラエルで働いていたパレスチナ人の労働者が、この新たな機構［つまり警官］に加わることになったからで、彼らのサラリーを援助が支えてきた。つまり、イスラエルの占領はそのままで、イスラエルから国際社会に、雇用主が変わっただけである。

自治政府がファタハによって率いられた時期には、この援助は、結果として自治政府が武力でパレスチナ内での立場を強めることに貢献した。それがいまや、パレスチナ人が、国際社会の代弁者として、パレスチナ人の口を封じるという事態になった。ロイは再三強調している。「いまのパレスチナを理解するためには、オスロを理解しなければいけない。」

実は、政権樹立後から一貫して、ハマースはPLO議会（パレスチナ民族評議会）の比例代表制による選挙を求めてきたことが、日本では全く語られていない。オスロ合意は、「イスラエル」と「パレスチナ国家」の間で結ばれたものではない。「イスラエル」と「PLO」の間で結ばれ、パレスチナ国家の樹立でさえも、両者の交渉に委ねられた。つまり、国家樹立さえも、イスラエルにとって「取引」のためのカードにしたのが、オスロである。だから、パレスチナはいまも独立できていないとさえいえる。

PLOについて言えば、周知のとおり、実権はファタハに握られている。PLO議会の選挙が行なわれていないため、ファタハは主流派ではなく、PLOそのものになり、欧米の出先機関となった。二〇〇九年八月、ファタハの総会が二〇年ぶりに開催された。そこで新たに最高幹部に名を連ねたのが、ガザを追われたムハンマド・ダハランなどの「治安」に深く関わってきた顔ぶれである。ガザという支持基盤から離れていながら、彼が最高幹部に選ばれたことなどから、選挙への不信感が高まっている。

ダハランは、ガザ地区の難民キャンプ出身の若手政治家で、オスロ期にアラファトに重用された彼はハマースへの締め付けで知られる人物である。CIAやモサド（イスラエルの諜報機関）との強い結びつきを持つとされるダハランこそが「内戦」を直接的に指揮した。

8 和平プロセスの今後

イスラエル‐国際社会‐ファタハという支配体制が、西岸地区で完成したいま、イスラエルは、「ユダヤ人国家」という最終目標にとくに力を入れ始めていることは、前述したとおりである。これは、「難民の帰還権」の反故化が前提になる。**分類**⑤のユダヤ人国家としてのイスラエルは、パレスチナ難民の帰還が行なわれれば破綻する。

実は最近、シャロン政権の中枢にいた人物から、ある見解を聞くことができた。彼は、政権内での決定事項という言い方は避けたが、難民の帰還について以下のように語った。

［西岸地区南部、死海付近のエリアも含めた場合］ヨルダン渓谷は、西岸地区の三分の一という面積であるにもかかわらず、人口は非常に少ない。この場所は、パレスチナ国家が樹立された時に、海外から帰還する難民たちを吸収するのに適している。

分類⑤は、ヨルダン渓谷というファクターが加わることで、より具体的な政策として成立する。しかも、西岸のファタハ政権以上に、ヨルダン渓谷の住民は、イスラエルに対して敵意を示すことが難しい状況にある。「難民の帰還権」は、いわばパレスチナに残された最後のカードであった。イスラエルは、その反故を実行に移そうとしている。

イスラエル政府の公式見解としては、以下のようなものがある。〇九年八月、イスラエル首相ネタニヤフが、ブラウン英国首相との会談後の記者会見の場で難民問題について言及した。〇七年一一月のアナポリス中東和平国際会議以降、イスラエルが（西岸の）パレスチナ政権に対して、「ユダヤ人国家としてのイスラエル」の承認を求めてきた理由が、はっきりと説明されている。

［西岸の］パレスチナ政権は、こう明確に述べるべきである。「［長年の紛争状態は］終わった。われわれは、真の和平に向かわなければならない。これは、最終的な和平である。そしてそれは、今後紛争の原因になるような全ての主張を取り下げるものになるだろう。パレスチナ難民の問題を最終的に決着させ、ユダヤ人だけがユダヤ人国家に渡ることができ、パレスチナ人はパレスチナ国家に行くことができる。

［パレスチナ難民が戻るのは］イスラエル内部ではないのだ。なぜなら、イスラエルはユダヤ人国家でなければならないからだ。もしわれわれがパレスチナを国民国家として承認するように求められるのであれば、至極当然のこととして、パレスチナの指導者はパレスチナ人に向けてこう語らねばならない。「みなさん［パレスチナ人］は、イスラエルを、ユダヤ人の国民国家として受け入れなければならない。」と。

「承認」は、和平における要である。パレスチナの指導者から、「承認」についてこういった明確な表現がないことが和平を停滞させてきたのである。また、イスラエル国民や、世界中の公正な人びとが期待しているのも、こうした明確な「承認」なのだ。*9

イスラエルが意図し国際社会が後押しするパレスチナ国家が仮に樹立された場合、海外にいる五〇〇万人を超える難民の多くが受入国から帰国を迫られたとすると、そこに吸収できるとは考えにくい。パレスチナ国家の面積は、最大でも東京都と埼玉県を併せた程度だ。こうなってしまえば、短期間での解決策を見出すのは難しい。国際社会の無責任さが、捻じ曲げた「平和」は、安定には繋がらないのは、これまで見てきたとおりだ。オスロ合意後の一五年余りの帰還でさえ、どれだけ事態が後退したことか。

解決は、パレスチナが安定化するための最低限の条件が整った後のことになる。イスラエルによる占領が始まって四〇年、イスラエルの建国から六〇年を経ていることを考えれば、解決にはそれ以上の年月が必要なのかもしれない。

まずは、占領を終結させることが必要だ。

日本を含む国際社会が、オスロ合意以後の過ちをごまかしてきた結果が、いまの状況に繋がったからこそ、まず一六年前に話を戻す。ロイはこう整理している。

ドナー［援助国、機構］の介入が、問題の解決策だと思われていましたが、過去の数年間、実際にはそれ自体が問題の一部となっていました。理由は、第一に国際社会が、イスラエルの政策に意義申し立てをしようとしなかったから。第二に、パレスチナ選挙後にハマースがガザを統治してから、国際社会が直接的にイスラエルの政策に加担してきたから。

「ガザの再構築」、占領下でのそれはどういう意味なのでしょうか。ドナーは、イスラエルによる占領状態を変えることなく、パレスチナを支援するということです。

ドナーたちは当初、オスロによって状況が決着し、紛争が終わりパレスチナ国家につながると安心していたようで、経済援助がそれに貢献すると考えていたようでした。占領もイスラエル政策も正しく理解していなかったのです。［当時］世界銀行の人たちと話した時、「占領は終結した。」と彼らが言うので、「あなたは、理解できていない。この場所での文脈では、オスロは独立したものとして扱うことはできない、一連の流れのなかで起こっている事態だ。オスロはパレスチナにとって災難にしかならない」と、私は返答しましたが、最後まで、私たちはお互いの言い分を理解しあえなかった。

政策の力学に気がついた時には、すでに多額の援助金を投資し、経済援助プロジェクトが進行していた。アメリカやEU、それに日本は、現状が何も変わっていないと認められなかった。すべてがそのまま継続して行なわれるのを、見守るしかなかった。ドナーは、そのまま続けることで、彼らの関与を正当化するしかなかったのでしょう。それで、イスラエルによる封鎖や強まる規制に対してどう立ち向かうかではなく、コメントの仕方を見つけるということになったのです。彼らはイスラエルの政策がよくないと、私的には述べても、公式な形では何もしませんでした。

ドナーは、被害の周辺状況の改善、つまり問題についての仲介、被害を軽減することには取り組みましたが、意義ある形でパレスチナ人を救うことはしませんでした。生き残るための支援はしたけれど、彼らが行なうべき正しい方向に政策を転換する勇気はなかったのです。

「日本の貢献を期待する」、というイスラエルの政府関係者の声を耳にすることが、最近とくに増えている。いまパレスチナ国家が樹立されれば、際限のない支出が必要であることは疑いようがない。「対テロ戦争」をやみくもに支持しその論理に沿った支援金を捻出するのではなく、短期的な効果はなくても、平和に繋がるバランスの取れた中東の「安定」に寄与できる方法を模索する必要がある。

「ガザ」を維持するとは、つまり飢えさせないで、非常に低いレベルの状況に置き続けるということ。弱体化させ、極限まで外部依存的にすれば、経済援助によってコントロールし易くなる、というわけです。国際社会が、経済援助を、兵器のごとくパレスチナに突きつけ始めた、という現象が、最近起こった最大の変化です。

ハマースを民主主義が選んだ正当な政権とみなさず、それとの関係をもたないでガザの再建をするとなると、どうなるのか。援助を使ってガザの産業部門の再建を図れば、工場を建設すれば、ハマースの力を強めることに繋がってしまう。だからそれはできないということになる。この文脈が、何もしないことについての完璧な言い訳になり、パレスチナを「チャリティ」が不可欠のブロックにし続ける絶好の口実になるのです。

九〇年代に日本が「世界第二のパレスチナ支援国」であったという事実は、もはや不名誉であるとしても言い過ぎではあるまい。[*10] 日本こそが、ロイのいう「チャリティ」をオスロ合意後積極的に引き受けてきたのである。そしてさらなる「貢献」を、なぜ国際社会がそしてイスラエルが求めるのか、理由を理解する必要がある。

いまのガザ地区には、まやかしの経済さえない。なぜイスラエルの大規模攻撃の後、ガザ地区の復興が進まないのか、行なわれている援助を検証してみてほしい。ロイの指摘の正しさを、痛感させられることだろう。

いまこそコップの底に留め金を掛け、わずかな水でも溜めることに努めなければならない。

＊1　岩波書店『世界』二〇一〇年一月号掲載予定、「サラ・ロイ・インタビュー」より引用。本章のその他の箇所のロイの発言についても、全て『世界』での掲載記事のために行なったインタビューからの引用、または一部その要約である。

＊2　オバマ大統領は、〇九年九月二三日に行なった国連総会での演説中でイスラエルの占領について言及しているが、イスラエルを非難することはなかった。その三カ月前、「入植活動の凍結」に言及したカイロでの演説までは「占領」という用語は使っていない。
　また、「入植活動の凍結」とは、新規着工などの「拡大の停止」でしかなかったが、それさえ一〇月三一日に、イスラエル側の強硬姿勢を受けたクリントン国務長官が、入植地建設の凍結をパレスチナ和平交渉再開の前提条件としないと表明し、実質撤回された。

＊3　〇九年七月三日付け『エルサレム・ポスト』より。

＊4　ＰＲＤＰ（Palestinian Reform and Development Plan）〇七年一一月にアナポリス（アメリカ）で開催された中東和平国際会議を受け、翌月にパリ（フランス）で行なわれた支援国会議にてパレスチナ（西岸地区のファタハ政権）から提出された計画書。これに基づき決定した支援総額八七〇〇億円を三年間の総額だとして推計すると、〇七年のＧＤＰが六〇〇〇億円弱のパレスチナに、毎年その約五〇パーセントに相当する金額が国際社会から投入されることになる。またパレスチナの家庭を一戸当たり五人とすると、各戸が一年で約三五万円、総額一〇〇万円以上が支払われることになる。こうした援助が行なわれている西岸地区について、世界銀行は〇九年九月の発表で、「経済成長の過程にある」とした。

＊5　アリエル・シャロンの自伝『軍人』（Ariel Sharon, *Warrior: The Autobiography of Ariel Sharon*, Simon & Schuster, 1989）、p.258より引用。

＊6　〇七年八月一二日、『朝日新聞』参照。

＊7　ネタニヤフ現イスラエル首相は、政治的和平を再開するための重要な要素として、「経済的和平」を提唱している。中東和平の前進を求めたオバマ大統領による六月四日の演説（於：カイロ）を受けて行なった、六月二八日の演説中でも、「政治的和平に変わるものではない」としながら、経済的和平の進展をパレスチナやアラブ諸国に対して訴えた。同演説

中でネタニヤフ首相は、海水の脱塩事業、太陽光発電、ガス管や石油パイプラインの敷設などに共同で取り組むことを求めた。〇九年九月に、これを受ける形で、日本は「平和と繁栄の回廊」構想の中心プロジェクトである農産業団地への太陽光発電パネルの設置を発表した。

＊8 〇五年七月二八日、フランス・パリで現地のユダヤ人団体に対して行なった演説より。

＊9 〇九年八月二五日、ロンドンで行なわれたブラウン英国首相とネタニヤフ・イスラエル首相の会談後の記者会見での発言より。この他、エルサレムの不可分（東エルサレムの入植地は、それと考えないという発言）や、ヨルダンへの国境が開いている時間を延長し検問等の数を減らしたことで（国境はイスラエルが管理し、西岸地区での占領は終わっていないのであるが）、パレスチナ人の移動における障害を軽減したことについて言及。西岸地区の入植地についてはエリアの拡大はしないが、教育や居住空間の確保を理由に、新規着工の可能性を示唆。

＊10 たとえば、『戦略援助──中東和平支援とODAの将来像』（橋本光平編著、一九九五年、PHP研究所）という書籍を参照すれば、すでにオスロ体制期から、偏った国益至上主義に基づくパレスチナ支援方針が「戦略」と考えられ、それに外務省、NGO関係者、ジャーナリストなどが関わってきたことが良くわかる。

PART 2

ホロコーストからパレスチナ－イスラエル問題へ[*1]

不可能なる合一

私の親愛なる友人である故エドワード・サイードについて話すことから、今日の講演を始めたいと思います。エドワード（・サイード）の死後、こちらも近年亡くなったばかりのパレスチナの詩人マフムード・ダルウィーシュが追悼の詩を書きました。引用します。

彼はこうも言った、私がきみより先に死んだとしても、
私の遺言は実行不可能なものだ、と。
私は尋ねた、どの程度不可能なのか、と。

彼は応えた、一世代ぐらいは下らないと。

私は尋ねた、では、もし私のほうが先に死んだら？

彼はこう言った、弔辞をガリラヤの山に捧げよう、
そしてそれにはこう書こう、「美学は均衡に達することになっている」。

だけれども忘れないでくれ、もし私が先に死んだとしても、私の遺言は不可能だ。[*2]

エドワードは「不可能なもの」を希求する必要性をつねづね強調していました。それこそが、彼の人文学的ディスコースにとって重要な一部をなしていました。彼はよくT・S・エリオットの詩「ドライ・サルヴェイジズ」を引用していましたが、その一部を読んでみましょう。

ここに、存在の諸々の領域の
不可能なる合一が現実のものとなり、
ここに、未来と過去が
克服され、和解する。[*3]

この詩の核心部分においては、エドワードが期待していた「不可能なる合一」が、他者の歴

史を理解することを訴えかけています。すなわち、ヴィジョンをとおして、自己の歴史とそれを規定する境界線を越え出て、オルターナティヴ（別の道）を探し求めることを。エドワードはこう説明を加えています。

だからこそ、文化をこれほど重視しているのです。文化はオルターナティヴなヴィジョンを与えてくれます。「この世界」と、日常世界のすみずみまで浸透している障害物との区別がつくようになります。僕らが生きている日常世界は、例えばパレスチナ人にとって権力や地位が決定的に不利だということを超えてものを考えることを阻害し、別の夢を見たりするオルターナティヴな道を考える可能性を与えないのです。（…）夢見るだけでは不十分です。夢はむしろ「別の世界」のものですから。しかし、あらゆる状況には、どれほど強力に支配されていようと、必ず別の道があるものです。確立されたものや現状ではなく、別の道について考えるように努め、現在の状況が凍結したものだなどと思い込まないようにしなければなりません。[*4]

「抑圧する者と抑圧される者が同じ一つの歴史に属する」[*5]ことを可能にするオルターナティヴを探求すること。このこと自体は、批判という行為にもとづいており、それは「まずなによりも理解という行為、自覚という特異な能力」とエドワードが呼ぶもの、つまり「理解し共感を寄せること」や内的緊張関係に対し敏感であることも含む「人文主義的行為」のことなのです。[*6] エドワードが主張していたのは、批判の作業は「対抗する流れと、アイロニーと、そして矛盾するものにさえも」[*7] 取り組むべきだということであり、彼はつねづね、「批判なしの連帯などむしろ批判の終焉を意味する」[*8] と警鐘を鳴らしていました。批判という行為が不可欠なのは、それが最初の気づきと、そして理解を経て、最後には和解と解放とをもたらすからです。まさにそれが、「不可能なる合一」において成し遂げられることなのです。

エドワードが深く抱いていたこうした人文主義的な理念は、私の仕事に対して顕著な影響を与えてきましたし、パレスチナ‐イスラエル紛争での私の体験と私のユダヤ教理解との交叉、そしてホロコースト・サヴァイヴァーの子どもとしての私の役割とホロコーストそのものとの交叉において、この理念はおそらくもっとも強い影響を与えてきました。今日の私の講演の中心は、これらの交叉を探究することになりますが、この探究というのは、ある一つの支配的な視点が対立点［対位法］を提示することなく歴史を覆い尽くすのを阻止すべくコミットすることによって鼓舞されていますし、また同時に探究自体がコミットすることでもあるわけです。そして私はつねにエドワードとこのコミットを共有してきました。イクバール・アフマド［パキスタンの作家・反戦運動家］が述べたように、「セクト主義的な思想や構造や主張（や慣習）」

に対抗する「肯定的で普遍的なオルターナティヴ」が幸運にして見つかるのは、この対立点によってなのです。[*9] 私はこれから、ユダヤ人に支配的な紛争理解に対して、より普遍的なオルターナティヴを唱えようと思いますが、しかしそれは、ユダヤ教の伝統それ自体から直接的に導き出されるものなのです。つまり、私も含めた多くのユダヤ人が濃密に保持している伝統からです。

私の考え方は根底において、異論を唱えることと、証言することと、他者を受け入れること、これらをもっとも大切なものとしてきた母と父を模範として形づくられてきました。これからこうした価値観について考察していきますが、その前にまず異議申し立ての重要さについて話させてください。

異論を表明することについて

両親は、凄まじい恐怖を体験したにもかかわらず、勇気と尊厳をもってそれを克服しました。二人にとって、恐怖を免れるということは、好きな場所に住んで働けること、教育と生活保障とプライヴァシーの権利、そして差別や迫害を受けずに宗教や文化を営む権利があることを意味しました。そしてそれは、〈他者〉を受け入れる自由を、さらにまた、異論を表明することを意味したのです。すなわち、一般に知れわたっている認識や政策といったものが間違っていると思ったときに、それに反対する権利と反対する必要性です。このことは、両親のアイデンティティ構築にとっても、また両親が世界をイメージし直すためにも、核心的な部分でした。

とはいえ、異論を唱えることは、しばしば裏切りや背信行為とみなされます。とりわけ、体制内部での従順さが強く求められるような紛争時などはそうなりがちです。このことはユダヤ人たちにもまさにあてはまります。私たちが近年でもっとも痛切に体験してきた、異論を弾圧する戦争によって脅威にさらされているのは、私たちの思考や思想やその形成過程だけではなく、私たちが究極的には何者となるのかというアイデンティティの問題なのです。イラク戦争について語ろうと、企業のグローバリゼーションについて語ろうと、グローバル・テロリズムについて語ろうと、私たちが異論を唱える権利は非難を浴び無効にされてしまいます。インドの作家でもあり社会運動家でもあるアルンダティ・ロイはこう述べています。「ヨーロッパやアメリカの大都市では、数年前までは、帝国主義にもいい側面があるとか、野蛮な世界を取り締まる強大な帝国が必要だなんてことは、小声で囁かれるのがせいぜいだった。それがいまでは公然と語られるようになっている。新しい伝道者は、正義を捨ててでも秩序を欲し、尊厳を犠牲にしてでも規律を欲する。そして何を代償にしようと支配の確立を求めるのだ」、と。[*10]

ですから、異議申し立てはいまや、国家に対する転覆や反逆に等しいものとなってしまいました。数年前にカリフォルニア大学バークリー校で、イラク戦争のメディア報道に関する会議が開催されました。そのときジャーナリストたちは、侵攻開始に先立って批判的な報道ができなかった理由として、愛国的でないと見られることを恐れたという面がある、と弁明しました。ブッシュ前大統領の有名な発言に、〈九・一一〉から一〇日も経たないうちになされた、「われわれの側につくのか、テロリストの側につくのか、どちらかだ」[*11]というのがありますが、それによって他の選択の余地はなくなり、そしてより重要なことですが、私たちが表明するような反対意見は非合法化されてしまうわけです。そのような二極化されたシナリオのなかで、いったい正義に恃めるような何かがあるでしょうか？　間違った政策を批判する正当性を訴えることは、民主主義の中心にこそあるのです。

現在のイスラエルとパレスチナの紛争ほど、異議申し立ての正当性が試されている場所はほかにないでしょう。そのうえ、誤った方向へ行ってしまった世界を建て直すために異論を唱えるということの倫理性と重要性こそは、ジュダイズム（ユダヤ教）の教義の核心でもあるのです。また、異論を述べる自由が現在ほど切迫して求められている時代もありません。すなわち、この紛争がかくも悲劇的なまでに道徳的奈落に転落しつつある現在、そしてそれにともない、ユダヤ教の核心部分、つまりユダヤ人でありまたホロコースト・サヴァイヴァーの子どもであるということのまさに核心部分が、奈落の底へ転落しているのではないかと少なくとも私には見受けられる現在においてです。

出自／ジュダイズムについて

私にとっては、異論を大切にするユダヤ人の伝統およびイスラエル－パレスチナ紛争における異論の重要さは、ホロコースト・サヴァイヴァーの子どもとしての私個人の旅路から切り離しえないものです。ホロコーストこそが、私の人生を決定的に特徴づけるものとなってきました。そうでしかありえなかったのです。ポーランドにあったナチスのゲットーと絶滅収容所で、私の家族や親族も一〇〇人以上が亡くなりました――祖父母たち、おばたち、おじたち、いとこたち、そして生まれる前の赤ん坊も一人いました。ポーランドでシュテートルと呼ばれるユダヤ人共同体で暮らしていた彼らについて、私は顔を知ることはありませんでしたが、しかし彼らはつねに私の生の一部をなしてきました。

私はホロコーストというものを自分が最初に意識したときのこと、その最初の出会いについて思い出すと、それは定かではありませんが、たしかナチスが父の腕に刻んだ数字の存在に初めて気がついたときだったと思います。私の父アブラハムは、その抑圧者らにとっては名前もなければ歴史もなく、アウシュヴィッツの強制収容所で刻まれた青インクの数字以外にアイデンティティなどありはしませんでした。当時まだ四、五歳だった幼い私が、なぜ腕に数字があるのかと父に訊ねたことをいまでも覚えています。以前に腕に描いたら、あとになって洗い落とせないことが分かって、それでずっとこのままにしているのだ、と父は答えました。私はその数字をそのときは書き残しませんでしたが、この二〇年ほど数字について調べつづけてきました。そしてつい先週［来日講演の前の週＝二〇〇九年二月末］、アメリカ政府で働いている素晴らしい友人がその調査を手伝ってくれたおかげで、その数字を知ることができました。

父は六人兄弟でした。父の家族でホロコーストを生き延びたのは、父ひとりきりでした。父の名は、ポーランドのヘウムノにあった絶滅収容所を生きのびた四人のうちの一人としてよく知られていました。ヘウムノでは、一五万人のユダヤ人が殺されましたが、私の父方と母方の親族の大半もそこで殺されました。最近知ったことなのですが、父はナチスの絶滅収容所を脱出することのできた最初の人でした。おそらく父自身の知らなかった事実だと思います。ただ、父の家族については、私はほとんど知りません。自分の家族について語ろうとすると、父は取り乱してしまい、どうしても語ることができなかったためです。彼らのことを思い出すことで父が苦しむ姿を目にするのは、私にとっても辛いことでしたので、私はいつしか、家族について聞かせてと父にせがむのをやめてしまいました。

母タウベには八人の兄弟姉妹がいました。母方の家族については、母とおばから聞かされていたので、よく知っています。敬虔で愛情豊かな家庭でした。彼女らの父、ヘルシェルはラビで、またショヘット、つまり祭礼用に家畜を屠る者でもありました。また彼は、ポーランドの名だたるラビたちに師事したこともあり、学識のある人物でした。生活は質素でしたが、安息日（シャバット）になると祖父は必ず、貧しい者や家のない者を自宅に連れ帰り、上座に座らせ、安息日の食事を分かち合ったものでした。

母の家族で戦争を生き延びたのは、母とその妹のフラニアだけでした。一九三六年にパレスチナへ移住していたショシャナおばさんを除いて、ほかの者は全員、非業の死を遂げました。母とフラニアおばさんは、パバニスとロッズのゲットーで七年を過ごしたのち、アウシュヴィッツ、そしてハルプシュタットの強制収容所へ移送されました。そのあいだ二人は、戦争が終わるまでなんとか離れ離れにならないようにしていました——ある一度を除いては。それはアウシュヴィッツでのことでした。二人が選別の列に並んでいたときのことです。そこには大勢のユダヤ人が並んでいました。彼らの運命はナチの医師ヨーゼフ・メンゲレに握られていました。ひとり彼だけが生きる者と死ぬ者を決定するのです。おばがメンゲレの前に立ちました。メンゲレはおばに右側、つまり労働用の列を示しました。それは束の間の死刑執行延期を意味します。母の番になったとき、メンゲレが示したのは左側、つまりガス室で殺されるグループでした。でも、母は奇跡的に選別ラインにもう一度もぐりこむと、再度メンゲレの前に立ちました。彼は母を労働の列に加えたのでした。

二人は本当に仲がよかったにもかかわらず、戦争が終結を迎えると、母はおばと別れるというつらい決断をしました。フラニアおばさんはパレスチナ／イスラエルに渡ってショシャナおばさんのところに行くことに決めました。ユダヤ人にとって安全な場所は唯一そこにしかないと考えたためです。母はいっしょに行くことを拒みました。私が生きるうえで母がこれまで幾度となく語ってくれたことですが、イスラエルでは暮らさないという母の決断は、戦時中の体験から母が学びとった強い信念に基づいていました。それは、人間が自分と同類の者たちのあいだでしか生きないならば、寛容と共感と正義は決して実践されることもなければ、広がりを見せることもないという信念です。母は言いました。「ユダヤ人しかいない世界でユダヤ人として生きることなど、私にはできませんでした。そんなことは不可能でしたし、そもそも望んでもいませんでした。私は、多元的な社会でユダヤ人として生きたかった。ユダヤ人も自分にとって大切だけれども、ほかの人たちも自分にとって大切である、そのような社会で生きたかったのです。」

私は、ジュダイズムというものが宗教ではなく、倫理と文化のシステムとして定義され実践される、そのような家庭で成長しました。私の第一言語はイディッシュ語で、おばとは今でもこの言葉で話します。喜びと楽観主義に満ちた家庭でしたが、時折、悲しみと喪失感が忍び込むこともありました。ユダヤ人の祖国という観念は、両親にとっても重要なものでしたが、彼らの友人たちの多くと違っていたのは、両親がイスラエルに対して無批判ではなかったことです。両親にとって、国家に対して従順であることは、ユダヤ人にとっての究極の価値ではありませんでした。ジュダイズムはユダヤ人の生に関係性を与えます。国境線に従属せず、それを超越する価値や信念に関係性を与えるのです。私の母と父にとってジュダイズムとは、証言すること、不正に怒ること、沈黙しないことを意味しました。それは、共感、寛容、救援、そしてつねに犠牲者の声を聞きとることを意味しました。それは、アミール・アルカライ［アメリカの詩人・評論家］も書いているように、過去の記憶が未来の記憶とならないようにするために可能なかぎりの手立てを尽くすことでした。[*12] こうした規範を失ってしまえば、私たちはユダヤ人ではなくなってしまう、と両親から教えられました。両親は正義と公正さの問題を深く気にかけていました。そして、人びとを深く気にかけていました。自分たちと同類の者たちだけでなく、あらゆる人びとのことを。人生を振り返って気がつくのは、母と父はその行動や言葉で、私が自ら知識を獲得するのを決して邪魔しようとはしませんでした。その代わりに彼らは、私がつねに、自分の知らないことや理解できないことに直面するように仕向けました。ノーム・チョムスキーが「思考可能な思考のパラメーター」について語っていますが、母と父は絶えずこのパラメーターを、彼らとしてはできうるかぎり遠くへと押しやっていました。それらは私にとって決して十分すぎるほど遠かったわけではありませんが、そうすることで彼らは私に、パラメーターを遠くへやることとその大切さを教えたのでした。

ユダヤとイスラエルのあいだ

私がアラブ－イスラエル問題へといたる道筋をたどることになるのは、おそらく避けられないことだったのでしょう。成長する過程で私は幾度もイスラエルを訪れていました。子どもの目に、そこは美しくロマンティックで平和な場所のように映りました。十代の頃、私にはうまく説明することができないけれども、そこにはある種の矛盾があるということを感じ始めていました。その矛盾は、イスラエル人の生活において完璧なまでに欠落していると思われるもの、つまりホロコースト以前の東欧のユダヤ人の生活に関する言説、いえ、ホロコーストという出来事それ自体についての言説が欠落していることに集約されます。私はおばに、なぜこうした話題が語られないのか、なぜイスラエル人はイディッシュ語で話すことを学ぼうとしないのか訊ねたものですが、おばが私に返したのは厳しい沈黙だけでした。

私にとってつらかったのは、私のイスラエル人の友人たちの多くがホロコーストや、イスラエル国家ができる前のユダヤ人の生活を冒瀆することでした。彼らに言わせると、それらの時代のユダヤ人は、脆弱で、受身で、劣っており、無価値で、尊敬に値せず、蔑すまれて当然の恥ずべき存在なのでした。「われわれは二度と、家畜のように殺されたり、自ら唯々諾々と殺されに行ったりはしない」と彼らはよく言っていました。非業の死を遂げた何百万もの人びとや彼らが生きた生を理解する必要などほとんどありはしないかのようでした。ましてや、彼らを称える必要などなおさらありはしませんでした。しかし、同時にホロコーストは、他者に対する防衛として、政治的・軍事的行動を正当化するためのものとして国家によって利用されてもいました。

私は彼らが言っていることの意味がまったく分かりませんでした。私はおばのことが心配でした。混乱し、深い怒りも覚えました。私がパレスチナ人のことを、そして、彼らとユダヤ人の対立について考え始めるようになったのはその頃のことであったと思います。私たちのかくも多くが自分たち自身を否定し、かくも真実を歪めるのであるとすれば、パレスチナ人に対してもそうでないはずがあるだろうか。ヨーロッパで殺されたユダヤ人とパレスチナ人のあいだには何らかの繋がりがあるのだろうか。自分でも当時ははっきりと分かっていたわけではありませんが、ここから私の旅路が始まりました。その旅路は痛みに満ちたものでしたが、しかし、私の人生のなかでもっとも意義深いものでもありました。母はつねに私の味方でした。いつも私を支えてくれました。時として両義的な思いに葛藤してもいましたが。父は若くして亡くなりました。この問題について父がどのように考えたかは分かりません。でも、私は父がいつも見守ってくれていると感じています。イスラエルにいる私の親族は私がしていることに反対で、その立場を決して変えません。そのため、かれこれ二五年というもの、私は自分の仕事について彼らには語っていないのです。

老人とロバのはなし

幼い頃に何度もイスラエルを訪ねていましたが、私が西岸とガザにはじめて足を踏み入れたのは一九八五年の夏でした。それは、パレスチナ人の第一次インティファーダ［民衆蜂起］が起こる二年半前のことでした。私は、西岸とガザに対するアメリカの経済援助について博士論文を書くため現地調査に訪れました。研究の焦点は、軍事占領という条件下で経済発展を促進することは可能かどうかを究明することにありました。その夏、私の人生が変わりました。イスラエルによる占領を私自身が身をもって体験することになったからです。占領がどのように機能するのか、経済や日常生活にいかなる影響を与えるのか、人びとをいかに押しつぶすのか、私は知りました。人間が自分自身の生を自分でコントロールできないということがいかなることなのか、そして、さらに重要なことは、自分の子どもの生に対して親がほとんど無力であることがいかなることなのか、私は知りました。

ホロコーストと同じように、私がいつ、どのようにして、占領というものと最初に出会ったのか、思い出してみました。占領と私の初期の出会いの一つ、それは、私が幾人かのパレスチナ人の友人たちと通りに立っているときに目撃した現場です。向こうから年輩のパレスチナ人がロバを引いてやってきました。老人の孫なのでしょう、三つか四つくらいの小さな男の子もいっしょでした。傍らに立っていたイスラエル兵たちが唐突に老人に歩み寄り、彼の行く手を制しました。兵士のひとりがロバに近づき、その口をこじあけて言いました。「おい、お前。ロバの歯が黄ばんでるぞ。なんで白くないんだ。ちゃんと歯を磨いてやってるのか⁉」。老人は愚弄され、幼い少年は目に見えてうろたえていました。兵士はもう一度、質問を繰り返しました。今度は大声で老人を怒鳴りつけながら。他の兵士たちはそのようすを面白がって眺めていました。子どもは泣き始め、老人はじっと黙ったまま、そこに立ちすくんでいました。辱められながら。同じ場面が何度も繰り返し演じられるうちに、群集が集まり始めました。すると兵士は老人に、ロバの後ろに立つよう命じました。そして、ロバの尻にキスしろと言ったのです。最初、老人は拒みました。けれども、兵士が老人をどやしつけ、孫がヒステリックに泣き叫ぶと、老人は身をかがめ、言われたとおりにしたのでした。兵士たちは大笑いしながら去って行きました。私たちはおし黙り、そこに立ったままでした。恥に打たれ、互いを見合うこともできませんでした。ただ、少年がやみくもにすすりなく声だけが耳に響きました。老人は貶められ、打ち砕かれて、しばらく身動きしませんでした。それは、ずいぶん長い時間であったように思われました。

私もまたその場に立ちすくんでいました。信じられない思いにただ茫然として。私がそのときただちに思い出したのは、両親が私に話してくれた逸話の数々です。一九三〇年代、ユダヤ人がまだゲットーや収容所に入れられる前、ナチスによっていかに扱われていたか。歯ブラシで歩道を磨くよう強制されたこと、公衆の面前であごひげを剃り落とされたことなど。あの老人の身に起きたことは、その原理、意図、衝撃において、それらとまったく等しいものでした。人を辱め、その人間性を剥奪すること。一九八五年の夏のあいだずっと、同じような出来事を私は繰り返し目撃しました。パレスチナ人の青年たちがイスラエル兵たちによって無理やり四つん這いにさせられ、犬のように吠えさせられたり、通りで踊らされたりする姿を。

ホロコースト・サヴァイヴァーの子どもである私はそれまでずっと、両親が耐え忍んだことの一端でも何とか体験することはできないものかと思ってきました。彼らが語って聞かせる物語に耳を澄ましながら、私はいつも、もっと聞きたいと思っていました。私はよく自分に問いかけました。純粋な恐怖とはいったいどんな感覚なのだろう。どんなふうなものなのだろう。家族の全員を恐ろしいやり方で、それも一瞬にして失ってしまったり、生活のあり方すべてが取り返しのつかない形で消滅してしまうというのは、人間にとって何を意味するのだろうと。私は自分を彼らの立場において想像してみようとしましたが、うまくいきませんでした。それは、わたしに想像できる範囲をはるかに超えた、あまりに測りがたいものでした。

占領下のパレスチナ人と生活をともにして初めて、私は、これらの問いのいくつかに対する答えの、少なくとも一部を見出しました。いえ、答えのほうが無理やり私に襲いかかってきたのです。たとえば、純粋な恐怖というものがいかなるものであるのか、私は一八歳になる友人のラビアから学びました。イスラエル兵が私たちの隠れている部屋の正面扉を壊そうとしたとき、彼女は恐怖に凍りつき、抑えがたく身を震わせながら、難民キャンプで私たちがシェアしていた部屋の真ん中に釘付けになったまま立ちすくんでいました。イスラエル人の兵士たちに向かって一瞬Vサインをしたという理由で、妊娠中の女性のお腹を彼らが殴っているそばで、どうすることもできずにいたときには、私自身恐怖で体が麻痺するのを体験しました。無許可のまま家を建てた——イスラエル当局が申請を何度も不許可にしていたためですが——という理由で、イスラエルの軍事用ブルドーザーが家とその中にあるもののすべてを破壊したとき、年輩の男性が嗚咽を漏らし、女性が叫び声を上げる姿を目にして、私は喪失と追放がどういうものなのか、より具体的に理解することができました。

剥奪と記憶

ユダヤ人とパレスチナ人とのもっとも深い繋がりと、そしておそらくは、占領というものが意味するもののなかでもっとも痛ましい実例は、家とシェルターという概念のなかに見出すことができるのではないでしょうか。ある家族の家が意図的に破壊される、しかも彼らにはそれを止める術もなくただ黙って見ているしかない。そうした状況を端で眺めているということがいかにおぞましいことか、言葉では言い表すことができません。パレスチナ人にとってそうであるようにユダヤ人にとっても、家というものは、頭上の天井をはるかに越えたものを表しています。家とは、生それ自体を表しているのです。パレスチナ人の家屋を破壊することについて、イスラエルの歴史学者、メロン・ベンヴェニスティは次のように書いています。

土地に根ざして生きるという文化がかくも深く伝統に染み込みながら流浪を余儀なくされている個人、その民族的神話が、略奪された祖国の土地から根こそぎにされるという悲劇に根ざしている個人にとって、家というものがもつ象徴的価値はいくら誇張しても誇張しすぎるということはないだろう。そのような個人にとって、長男の誕生と自分の家を建てるという出来事は、時間と物理的空間の連続性を象徴するものであり、人生の中心をなす出来事である。したがって、個人の家を破壊することは、その世界を破壊するに等しいのだ。[*13]

過去四二年［一九六七年の第三次中東戦争から］のあいだイスラエルによるパレスチナ占領は、

追放と離散を意味してきました。家族の分断。軍の統制によって組織的に否定される人権、市民権、法的、政治的、経済的権利。何千人もの人びとに対する拷問。何万エーカーもの土地の収用。一万八千軒以上におよぶパレスチナ人の家の破壊。パレスチナ人の土地に容赦なく拡大される不法なイスラエル人入植地。パレスチナ人の経済の切り崩しと破壊。封鎖。外出禁止。地理的な分断。人口的な孤立。

パレスチナ人に対するイスラエルの占領は、ナチスによるユダヤ人ジェノサイド（大量虐殺）と道徳的に等価であるわけではありませんし、等価である必要もありません。しかしホロコーストと占領とが大きく異なっているからといって、そのことが占領の残虐さを軽減させるわけではまったくありません。占領は、ますます破壊的なものになってきているにもかかわらず、いまやおぞましくもごく普通なことになってしまいました。占領とはひとつの民族が他の民族によって支配され、剥奪されるということです。彼らの財産が破壊され、彼らの魂が破壊されるということなのです。占領がその核心において目指すのは、パレスチナ人が自分たちの存在を決定する権利、自分自身の家で日常生活を送る権利を否定することで、彼らの人間性をも否定し去ることです。そして、ホロコーストと占領が道徳的に等価でもなく対称的でもないように、占領者と被占領者もまた、道徳的に等価でもなければ対称的でもありません。たとえどんなに私たちユダヤ人が、自分たちのことを犠牲者と見なしたとしても、です。占領はホロコーストとは違うのだから耐えられるなどと言うことは、実際多くの人がそういう発言をしてきましたが、ジャーナリストのロバート・フィスク［英誌インディペンデントの著名な中東特派員］も言うように、魂を失って地獄に向かう行為でしょう。

そして、恐ろしい忌むべき自爆行為やガザ地区からのロケットがより多くの罪なき者たちの命を奪っているのは、いまや広く忘れ去られていますが、まさにこの剥奪と窒息状態という情況においてなのです。入植地や、破壊された家々や、封鎖用バリケードがもとからそこに存在したわけではないのと同じように、自爆者やロケットもまた最初からそこに存在していたわけではありません。

ジュダイズムの記憶は——記憶というものすべてがそうであるように——、ダイナミックであり、けっして静止したまま変わらないものではありません。そこには多元的な複数の声がはらまれ、一者が覇権を握ることを揺るがします。けれども、ホロコースト以後の世界において、ユダヤ人の記憶はある決定的な点において、その確固たる力が失われてしまいました。その決定的な点とは、ユダヤ人の記憶が、パレスチナ人の被る苦難の現実と、それに対してユダヤ人が罪を負っているという現実を排除していることです。一民族として私たちは、イスラエル国家の創設をパレスチナ人の追放と結びつけることができないできました。私たちは、ユダヤ人が自分たちの場を見つけることが、同時にパレスチナ人が自分たちの場を失うことだということを記憶していないどころか、見ようとさえもしてこなかったのです。今日の紛争がかくも凶暴さを帯びる理由の一つはおそらく、パレスチナ人の声を押し潰そうとするわれわれの絶えざるやみくもな努力にもかかわらず、彼らが決してその声をあげるのをやめようとしないことにあるのだと思います。

絶望の勧告

ユダヤ人の共同体内部では、イスラエルの行動や政策をナチスのそれと比較するのは、ある種の異端的行為と見なされてきました。たしかに、そうした比較を行なうに際しては細心の注意が必要です。しかし、ホロコーストとパレスチナ問題とは、どれだけ規模が大きく異なっていようとも、またそれぞれの体験がどれだけ非対称的であろうとも、ある点では実際に関連があるのです。現代のユダヤ人の生活を形づくっている多くの現実のなかには、イスラエル国家の誕生、ホロコーストの記憶、そしてユダヤ人の政治力と主権といったものがあります。そしてユダヤ人の政治権力がある重大な帰結をともなったことは否めません。すなわち、パレスチナの人びとの追放と抑圧です。ユダヤ人は自らの強さを称賛しますが、しかしその核心にあるのは「パレスチナ人に対する」絶望の勧告なのです。[*14] というのも、ユダヤ人アイデンティティは、望もうが望むまいが、パレスチナ人の苦難に結びついており、その苦難はいまや、ホロコーストおよびイスラエル国家とともに、ユダヤ人の集合的記憶から抹消できない一部であり、かつユダヤ人の経験と密接に繋がる一部をなしているのです。

この繋がりについて長く真剣に思索を深めてきたのが、マーク・エリス教授［アメリカ・ベイラー大学］です。彼は、同時代でもっとも偉大でもっとも勇敢なユダヤ教思想家の一人だと私は見ています。彼はこう問いかけます。「他者がわれわれに抑圧されているのに、どうして自らのユダヤ性を称賛することができるのか。パレスチナ人の抑圧を目の前にして、ユダヤ人と神との契約は存在するのかしないのか。ユダヤ教の倫理的伝統はなお私たちの手元に残っているのだろうか。ユダヤ人の実存にとってかくも中心的な、神との約束は、もはや取り戻すことのできないところへ離れてしまったのだろうか」、と。*15 私たちユダヤ人は、いつのまにか不協和音のする世界に住んでいます。この不協和音を終わらせ、新しい生き方を創りだすためには、どのようなテクストを参照することができるでしょうか。

エリスによれば、今日、ユダヤ人の世界では刷新と不正義とが密かに結合しており、そうした状況で普通の生活――ユダヤ人がイスラエルでは真の意味では手にしたことのないもの――が否定されてしまっています。そうだとしたら、ユダヤ人はどのようにして進歩し、価値を創りだしていくのでしょうか。少数派かもしれませんが、自分の物語を、強力な軍事国家に同一化させることから追放と喪失の歴史を受け入れる方向へと、徐々に変化させるところに価値を見いだすようになったユダヤ人もいまではいます。実際にも確認できるこうした傾向は、ユダヤ人がパレスチナ人に対して開かれつつあること、不関与をやめて関与を模索し、排除するのではなく一緒になる方向にあることを示唆しています。しかしこの変化は他方で、自己に閉じこもること、つまり他者の犠牲のうえで自分が追放され喪失した先に居座ることに、しばしばなりがちです。

この点に関してエリスが述べているのは、ホロコーストを過去のなかにだけ位置づけると、アウシュヴィッツを未来から切り離し、方向性を見失うことになるということです。アウシュヴィッツは、ユダヤ教神学者の一部がそう信じているのとは異なり、真空状態に孤立しているのではありえません。実際、真空状態で起きた出来事ではなかったのですから。むしろ本質的なのは歴史的な連続性です。つまり過去が現在を切り離すために使われることはありえませんし、死者が生者を遮断するために使われることもありえないのです。私たちはみな記憶のなかの住人ですが、「ある悲劇が起きたときに」その記憶を、抗議や復興のためにではなく、悲嘆と否認のために使っています。それは、分断・隔離の一形態だと言えます。昨年一二月からの壊滅的なガザ攻撃はおそらくこの分断・隔離の最も極端な表現形態と言えます。このことから、「ホロコーストにおいてユダヤ人の女性と子どもを殺害することは、ガザでパレスチナ人の女性と子どもを殺害することよりも、もっと悲劇的だといえるだろうか？」という問いが投げかけられるのです。

死者の歴史と排除の領域

私たちは死者のかたわらで生活しているわけですが、死者を弔うこと自体は、「死者と向き合うよりは死者を隠す場、危険の場というよりは安全の場[*16]」になっています。どうして一方で他者を苦しめておきながら、自らは潔白でありつづける、償うことなくただ嘆きつづけるなどということができましょうか。どうして不正義を続けながら、元の無垢さを取り戻すことができましょうか。すなわちユダヤ人は、「一方で呼び覚まされているのに、侵害（または否定）されている歴史[*17]」を守っているとでもいうのでしょうか。

ベルナール・ラザール［ドレフュス事件でドレフュス大尉の無罪を訴えた、ユダヤ人ジャーナリスト］は、一八九九年にテオドール・ヘルツル［シオニスト運動の創始者］に宛てて書いた手紙のなかで、ヘルツルが新しいシオニズム国家構想において疲弊した東欧ユダヤ人社会をないがしろにしている、として非難しました。ラザールの指摘は、今日とは文脈が異なっているとしても、妥当なものだと思います。「われわれは、恥辱を清らかな日光の下に晒し消毒してきれいにするのではなく、恥を隠して深い穴に埋めて死んでいこうとしている。（…）われわれがしなければならないのは、われらが民族に対して自分たちが何者であるかを示し、教えを施すことなのだ。[18]」

［二〇〇〇年に亡くなった著名なユダヤ系の］ジャーナリストのダニエル・シンガーは、アウシュヴィッツは唯一無比であると同時に比較可能でもある、と言いました。アウシュヴィッツは警告であり、［他の悲劇との］比較を呼びかけているというわけです。エリスが問うように、「典礼や制度といった枠のなかで死者を追悼する（だけの）人か、あるいは、ホロコーストの影で生み出されている犠牲者と向き合い寄り添う人か[19]」、そのどちらになるのかを選ぶことになるのでしょうか。正義なき追悼などというものは空疎です。和平の名のもとに不正義を容認することはできません。「隔離が隣接へと変わり、分断が抱擁へと変わる[20]」ときにのみ、平和が広まるのだと、エリスは言います。

ところが、私たちは民族として振る舞うと、隔離を乗り超え隣接することをあまりにしばしば拒絶してきましたし、目の前のことについて何が正しいのかを直視することも、平然と、ときには自ら進んで、拒絶しているのです。私たちはもはや、自らの行動を外部の立場から理解することを強いられたりしませんし、イギリスの研究者ジャクリーヌ・ローズ［シオニズム批判で知られる英文学者］が言うような、お互いの窮地に分け入って、もっともつらい部類の精神の旅を行なうことも強いられたりしません。[21]ですから、抑圧している相手の人びとと生き生きした関係など持つ必要はないし、服従の経験そのものをふまえつつ彼らを人間扱いする必要もない、というわけです。これはエドワード（・サイード）も指摘していることですが。だからといって私たちは、残虐さで無我夢中になっているわけでも、残虐さに取り憑かれているわけでもありません。そうではなく、痛みの感覚を同族にだけ認めること、人間としての苦痛を認める範囲を「われわれ」だけに狭めること、これが究極的な課題とされているのです。こうして意図的に盲目となることによって、原則を破壊し、人びとを破壊し、相手を抱擁するあらゆる可能性を抹消し、そうして他方では悲劇的なかたちで自分自身だけが安楽を得ているのです。

ジャクリーヌ・ローズは、ユダヤ人がはまり込んでいる「頑迷かつ自滅的な精神領域」について論じました。そこにおいては、

ユダヤ人が先住民［パレスチナ人］に対して勝ち誇り、狂喜乱舞することで、先住民たちは最も恐るべき危険へと晒されるのだ。（…）イスラエルが脆弱なのは、政治的のみならず精神的にも事実上その真ん中にいる人びと——境界線上（パレスチナ自治区とされる地域）の難民キャンプの人びとであれ、イスラエル国家内部の人びと（いわゆるイスラエル・アラブ）であれ、世界中に離散した人びと（パレスチナ人ディアスポラ）であれ——を認識することができないからである。*22

パレスチナ人や他のアラブ人たちをユダヤ人の歴史認識に取り入れることが、どうしてこんなにも難しい、それどころか不可能なのでしょうか。自分自身の歴史物語とわれわれが他者に与えた歴史物語を問い直す必要性が感じられることが、どうしてほとんどないのでしょうか。私たちはそれらを問い直すよりも、自分たちの信念や感情を不可侵のものとして大事にすることを好んでいるわけです。とりわけ組織化されたユダヤ人コミュニティ内部では、アラブ人、なかでもパレスチナ人たちが自分たちと同様に本質的な人間性を備えており、同じ道徳の境界線内に含まれるべきであり、エドワードの表現を借りれば「問題解決のひとつ」だとか、便利な敵対的「他者」[*23]とみなすのはやめよう、などといった主張はつねに受け入れられないのです。しかし、分断しようとするいかなる企ても人為的なものであり、抽象的なものです。相互関係は阻止されてしまい、逆に差異は規範化されています。ユダヤ人知識人たちのあいだでは、世界中のあらゆる場所での人種差別や抑圧や不正義に反対することは事実上義務になっているというのに、イスラエルが抑圧者である場合にはそれらに反対することは受け入れられず――異教徒の行為だと非難する人も実際います――、暴露するよりは隠蔽することを選ぶのはなぜなのでしょうか。多くのユダヤ人にとって歴史と記憶は、反省と寛容を排除するために断固としてあるのです。

傷と倫理

ガザ地区で残酷に殺害された無辜の男女や子どものおぞましい映像は、ホロコーストに関わる別の話、別の繋がりを思い起こさせます。トラックに乗せられて処刑場へ運ばれていったイェヒエル・デ＝ヌールという名前の男性についての話です。彼はトラックから降ろされると、逃走し始めるや振り返り、驚くナチス親衛隊に向かって、「私は人間だ！　悪魔ではない！　人間として生きたいんだ！」と叫んだのです。デ＝ヌールはそうして雪に覆われた森へと逃げていきました。ガザで殺された無実の人たちは、きっと同じことを叫んでいたことでしょう。「私は人間だ！　悪魔なんかではない！」、と。

ホロコースト以降の復興における本質的な問題ですが、私たちは平常でいられるでしょうか。他の人びとを周縁に追いやることで自らの避難場所を求め、他の人びとの剥奪と破壊において自らの救済を求めているときに、普通でいることなどありうるでしょうか。家屋の破壊、障壁［隔離壁や検問所やロードブロックなど］の設置、生活維持の阻害、無実の人びとの破滅のうえで、耐え難い安楽を黙認しているときに、どうやって創造的なことができるでしょうか。ローズの言葉を借りれば、「歴史上の苦痛に対する万能の回答」[*24]を探し求めながら、どうして［他者に］同情を寄せることができるでしょうか。二〇〇六年のレバノン侵攻のときに、自らの息子を救うことができず、そしてそれ以前に綴った自らの言葉も救うことのできなかったイスラエルの作家ダヴィッド・グロスマンは問うています、「民族に何が起きたのか?」、と。

両民族の歴史は引き裂かれ、バラバラになりました。両民族は、共有されたひとつの土地に暮らしていますが、それは配置換えと死によって規定された土地です。それに対して修繕や回復を意味するヘブライ語「ティクーン *tikkun*」を実行するためにエリスは、まだ未確定のものですが「新しい平常さ」を創りだすことを呼びかけています。それは、まだ現実の共有としてのみ生まれうるものであり、エドワード・サイードも次のように言って求めていたものです。つまり、「われわれは、別々に隔離されてコミュニケーションのない二つのコミュニティとして共存することはできない」、と。[*25]

ユダヤ人国家が力を得てきたホロコースト以後の世界において、一民族としてのユダヤ人は、いかにして残虐さや卑屈さを切り抜けて、そして力を得てかつ人間らしくいられるでしょうか。再びローズの言葉を借りれば、「意識の防衛を経て」、恐怖も万能も乗り越えて、無垢さも軍事主義も乗り越えて、不確かであろうと何か別のものを思い巡らせることは、どのようにして可能なのでしょうか。文化シオニズムの創始者であるアハド・ハアムはこう問いました。「一民族を立ち止まらせて考えさせるにはどうすればいいのだろうか[*26]」。

ジュダイズム(ユダヤ教)はつねに、自省と批判的吟味と哲学的探究を誇りとしてきました。タルムードの精神は、一言一句を数多くの方法で吟味し、ありとあらゆる解釈の可能性を探り、まだ指摘されていない解釈をつねに求めてきました。こうした探究を通してこそ、無辜の人を守り、被害を防ぎ、神に近づく、そのために必要な自覚が得られるのだと信じられているのです。ところが、これらのことは、今や私たちの倫理体系から離れてしまいました。むしろ命ぜられているのは、吟味による制約を受けずにたんに閉ざされた目で見ることです。かつてはきちんと目的があった場所がいまでは空白になっています。ユダヤ人は、権力をもったにもかかわらず、痛めつけられた側に居続けることで、自分たちの罪を隠しているのです。そして、自らの被害者扱いが確約され潔白が肯定される状況をつくりだしているのです。イスラエルの政治心理学者ダニエル・バル＝タルは、過去から現在までのアラブとの紛争において、イスラエルのユダヤ人がどのような集合的記憶をもっているのかについて、先駆的な研究を行ないました。そのなかでもとりわけバル＝タルが指摘したのは、虚心坦懐に過去を見つめることのできるごく少数を別にすれば、イスラエルの一般大衆は、「イスラエルがこれまで長年にわたってガザ地区で行なってきた行為について知ることに関心がない」ということです。すなわち、

どのようにしてガザ地区からイスラエルの撤退が行なわれたのか。それがパレスチナ人にどのような結果をもたらしたのか。なぜハマースが民主的選挙によって政権に就いたのか。イスラエルの撤退から最近のガザ攻撃開始までのあいだに何人のパレスチナ人がガザ地区

で殺されたのか。そして、［攻撃前の］最後の停戦期間が延長可能だったかどうか、そしてその停戦を破ったのはどちらだったのか。（…）われわれは、不安に苛まれ、過去のなかで生きる民族となっている。（…）紛争のエートスがイスラエルのユダヤ人社会に深く植えつけられてしまっている。紛争のエートスは、強固に根深いイデオロギーとなっており、それがユダヤ人の目的を正当化し、ユダヤ人の見解を公認し、ユダヤ人をひじょうに肯定的な光のもとにおくと同時に、アラブ人の、とりわけパレスチナ人の正統性を否定するのだ。[*27]

私たちユダヤ人は、自責の念をもたないことによって傷を癒しているのです。自責の念をもてば、私たちが解体してしまいますから。このパラダイム内においては、私たちを貶め滅ぼすのは、体制への服従ではなく異議申し立てのほうになります。ユダヤ人は、平和よりもこうしたどん底を選んでしまっています。平和になれば、私たちは受け入れ難いまでに内省へと投げ込まれ、自覚と認識を迫られるからです。

神聖さの政治利用について

どのようにしてホロコーストの子どもたちは、自責や自覚が可能になるのでしょうか。このように彼らは問います。しかし、私たちは本当にホロコースト・サヴァイヴァーの正当な子孫なのでしょうか。

ホロコースト・サヴァイヴァーが亡くなっていくにつれて、当時の恐怖感や付随して得られた教訓は、より抽象的なものへと閉ざされていっており、イスラエルのユダヤ人の多くにとってはより疎遠なものへと退いています。そこでホロコーストは教訓としてあるのではありません。そうではなく、倫理的責任よりむしろ同族への愛着が要請され、またその同族への愛着がしばしば集団行動を規定してきた、そのような内的純化作用として、ホロコーストはあることになります。もしかするとこうしたことは、ユダヤ・ナショナリズムの、つまり神聖さを政治に利用したことの、不可避的な帰結であったかもしれません。しかし、その原因がなんであれ、そうした変化は私たちをひどく弱体化さるとともに重い犠牲を強いてきました。

シルヴィア・タネンバウムというホロコースト・サヴァイヴァーの活動家はこう書きました。

ディアスポラ（離散）における成果がどれだけ偉大であろうと、ユダヤ人がマイモニデスやスピノザやモーゼス・メンデルスゾーンやその他何百人もの人類史上の偉人――そのなかには軍人は一人もいません！――を生み出そうと、ユダヤ人は自分たちが長く流浪してきた世界をショアー［ヘブライ語でホロコーストを指す］という暗い光のもとで見ている。

しかし、そのこと自体がひどい歪曲である。ポーランドの雪で覆われた森から遠く離れた土地でユダヤ人が無実の人びとを虐殺するなどということを、作家のプリーモ・レーヴィや詩人のパウル・ツェラーンが要求しただろうか。たとえ敵側の人間だとしても、子どもを殺害することが英雄的行為だと言えるだろうか。それで私の同胞たちは喜んだり誇りに感じたりするだろうか。(…)言うまでもなく、誠実なユダヤ人はホロコーストについて語らねばならない。今日の死体や死にゆく者の［鮮やかな］映像は無視し、ポーランドの田舎のアウシュヴィッツ、ソビブール、ベルゲン＝ベルゼンで殺されたユダヤ人の死体の粗い白黒写真に注目しなければならない。われわれは最初にして唯一の犠牲者、無力さにおける永遠のチャンピオンなのだ。[*28]

いったい何のために私の家族は、ポーランドのゲットーや強制収容所で死滅したのでしょうか。彼らの役割は、搾取されることと、そして、暴力がほんのつかの間なくなったときにはその存在が忘れ去られたり見捨てられることだったのでしょうか。

ホロコースト・サヴァイヴァーは、過去と現在のあいだに立ち、証言を背負っています。ときには沈黙し、ときには言葉を発し、しかし耳を傾けられないことがしばしばです。にもかかわらず彼らは、道徳上の難題として私たちのなかに存在していますし、また、ホロコーストやシオニズム以前にさかのぼる（そしてシオニズムが長年侮辱してきた）歴史と生活様式と文化を、身をもって体現しています。そうして、私たちが彼らから目をそらすことを、彼ら自身のやり方で拒んでいるのです。とはいえ、サヴァイヴァー世代は終わりに近づきつつあり、彼らが亡くなっていくにつれて、私は疑問に思うのです。彼らの代わりを務める、彼らの不在によって生じた道徳上の空白を埋めるものとして、いったい何が残されているのでしょうか。

その残されているものというのは、自身もユダヤ人である友人の言葉を借りると、次のようなものでしょうか。つまり、「ユダヤ人には迫害や被害を受けたという感情があり、ひとつひとつのカチューシャ・ロケットや境界線［イスラエルと占領地パレスチナとを分かつグリーンライン］での衝突の背景にはみなヒトラー的人物がいて、それらはゲットー、一斉逮捕、敵の人間性の否定といった、ナチスが六〇年前に虐殺工場でユダヤ人に使ったものと同じ粗野な道具に見合うものだという思い込みがあるが、そうした感情や思い込みを、維持するどころかむしろ徐々に強めていくよう意図してつくられた、影像や博物館や「学者」集団」、それらが残っているということなのでしょうか。レバノン侵攻やガザ攻撃を経たいま、私たちはその作戦の成功を、大虐殺した死体によって測ろうというのでしょうか。われわれの死体は奴らの死体よりも価値があるとか、われわれの子どもはより繊細で神聖で、保護と愛情をより必要としているが、奴らの子どもには埋葬布と墓場がお似合いだとか、そういう議論をしながら。私たちは、殉教とか、生まれながらに心臓にナイフを突き立てられた子どもとか、そういったものからしか意味を見いだせないのでしょうか。私たちには廃墟を嘆くなどということがそもそも許されているのでしょうか。このようなかたちでしか私の祖父母は想起されないのでしょうか。

荒廃した夢からの覚醒

二〇〇九年一月二八日の『ル・モンド』紙に掲載されたイスラエル大統領宛の公開書簡のなかで、ジャン゠モイズ・ブレベルクは、一九四三年にトレブリンカで殺害された自分の祖父の名前をヤド・ヴァシェム［エルサレムにある国立ホロコースト博物館］のホロコースト記念碑から削除することを願い出ました。やや長くなりますが、その書簡を引用します。

　ご理解ください。私は子どものときからずっとこれまで絶滅収容所のサヴァイヴァーらに囲まれて生きてきました。彼らから、腕に彫られた数字を見せられましたし、拷問を受けた話も聞かされました。耐え難いほどの悲しみを経験しましたし、悪夢も彼らとともに見ました。
　私は学びました、こうした犯罪は二度と起きてはならないということを、民族や宗教などによって他人を侮蔑したり、基本的人権を他人から奪うといったことは、誰もけっしてしてはならないということを、そして同様に、誰もがきちんとした環境で生活を営み、家族のためによりよいものを望む権利を有しているということを。

大統領閣下、私は気がつきました。国際社会によって数えきれないほど決議があげられたにもかかわらず、一九四八年以降パレスチナ人が明白な不正義を被ってきたにもかかわらず、オスロ合意に希望があったにもかかわらず、そしてパレスチナ自治政府側がイスラエルのユダヤ人に平和と安全のうちに生存する権利を繰り返し承認してきたにもかかわらず、歴代のイスラエル政府の唯一の回答は、野蛮な暴力の行使、流血、投獄、恒常的な占領支配、入植、土地の没収でした。

大統領閣下、お教えください。自国民に向けられたロケット攻撃や、多くの無辜の人びとに死をもたらす自爆攻撃から、ある国家が自衛をするということは正当なことなのでしょうか。私ならこう答えます。私の人間的な共感は、犠牲者の国籍を問いません、と。

それに対してあなたが導いておられるのは、ユダヤ人全体を代表しようとするのみならず、国家社会主義［ナチス政権］の犠牲者の記憶を保持せよと主張している国家です。これは、私に衝撃を与えただけでなく、私には耐え難いことです。一方であなたは、私の最愛の人物の名前を、イスラエルの中心部にあるヤド・ヴァシェムに書き込んでおきつつ、イスラエル国家は、収容所に入れられていた私の家族の記憶を、シオニズムの鉄条網内に人質として囲い込んでいるのです。権威を標榜しているけれども、日々不正義を繰り返している国家の人質とするために。

ですから、ユダヤ人の被った恐怖の証言者である私の祖父の名前を記念碑から削除することを大統領閣下にお願いいたします。そうすることで、いまパレスチナ人たちに降りかかっている恐怖を正当化するために、祖父の名前がもう利用されないようにしたいのです。[*29]

ユダヤ人たちはどこに属するのでしょうか。私たちの場所はどこにあるのでしょうか。ユダヤ人国家というゲットーでしょうか。そこでは境界線が狭まっていって、いつしか私たちは追放されてしまうかもしれません。権力はあっても強固なわけではないのです。ユダヤ人の権力は、ユダヤ人の強さではなく弱さなのです。というのも、信頼よりもむしろ不安を植えつけるために権力が使われているのですから。そしてそれゆえに、私たちが将来変わらなければ、いつしか権力が私たちを滅ぼすでしょうから。私たちは、ますます過去から切り離され宙吊りにされて、よりどころなく一人見捨てられていっているようです。そして、いまはそうでなくとも、いずれ繋がりと助けを切望するようになるでしょう。グロスマンはこう言いました。夢というのははかなく覚めるにつれて、力が弱まるのではなく、逆に、必死にそれにしがみつこうとするので、強くなるのだ――ただし荒廃した夢を貪るようになるのだが、と。

私たちは、隔離壁の向こう側の土地と水を食い尽くし、鋼鉄のゲートでもって自分たち以外のすべての者を締め出していています。こうしていったいどんな場をつくろうというのでしょうか。私たちは結局のところ、［アメリカの作家で、ノーベル文学賞受賞者、ウィリアム・］フォークナーの言う「墓場への侵入者（*Intruder in the Dust*）」でしかなく、砂塵とともに空中に消える運命なのでしょうか。これがホロコースト以後における私たちの再生の限界なのでしょうか。

ユダヤ人の権力・主権と、ユダヤ人の倫理・精神的高潔さとは、このまま変革がなければ、両立は不可能であり折り合いがつかない、という考え方を私は受け入れるようになりました。というのも、子どもたちを理不尽に殺害することに公然と反対の声をあげることが、異議申し立てという正統かつ必要な行為ではなく、不忠の裏切り行為であるとみなされるのであれば、そして異議が無効なばかりか非難を集めてしまうのであれば、究極的に強いられる選択は、シオニズムかジュダイズムか、ということになります。

ラビの大ヒレルはずっと昔に［紀元前一世紀頃］、ユダヤ人の生活の中心として倫理を強調しました。倫理的な諸原則を守るかどうかが、ユダヤ人の民としての生存か滅亡かを分けることになるだろう、と。ところが今日私たちが直面しているのは、どこか異なる事態、おそらくより歪んだ事態です。それは、私たちの倫理体系が消えてしまったということではなく、倫理が損なわれた何ものか、倫理が承認できない何ものかに書き換えられてしまったということです。

救済について

いまユダヤ人が苦闘している最大の問題のひとつは、かつて侵害され粉砕され現在もそのままとなっている世界において、意味を探究することです。ではそれに対する回答はなんでしょう。どのようにして一民族としての私たちユダヤ人が恐れを抱く相手と和解し、またその彼らが私たちと和解するということが可能になるのでしょうか。そしていかにしてエドワードが提起したアラブ人とユダヤ人の不可能なる合一が実現可能になるのでしょうか。

多くのユダヤ人（とキリスト教徒）にとって、回答はなおも、強大で軍事主義的なユダヤ国家にあります。しかし、まさしく生き残る行為にこそ、その回答を見いだす人もいます。私の両親にとっては、ヒトラーに打ち勝つことが、道徳的な生を送ることを意味しました。憎悪を生み出してしまったら、ヒトラー側の勝利です。両親らは、「証言を肯定することができ、（…）異論を述べるのが義務である」[*30]ような世界を模索しました。そこでは、証言のできる能力が取り戻されそれが承認されますし、一民族としてのユダヤ人が暗闇に呑み込まれることを拒み、破壊するような権力には背を向ける、そのような世界なのです。こうした文脈において、これまで私が何度も繰り返し述べてきたひとつの契機、これまでの私の仕事や書き物すべてを触発してきたひとつの契機について話させてください。

私の母とおばが、ロシア軍によって強制収容所からちょうど解放されたところでした。ロシア軍兵士らは、収容所を運営していたすべてのナチス関係者や守衛を逮捕し、ユダヤ人の生き残りに突き出して、「この迫害者のドイツ人たちを好きにしていいぞ」と言いました。多くの生き残りが、衰弱し、かろうじて生存していた状態であったにもかかわらず、すぐさまドイツ人らに襲いかかり蹂躙しました。母とおばは、目の前で展開されている残酷な場面からわずか数メートルしか離れていないところで、抱き合って泣いていました。おばより母のほうが衰弱の度合いは軽く、母がおばを抱きかかえ、おばの衣服も持っていました。おばのほうは立っているのもやっとで、母につかまっていましたが、まるで母をどこかに行かせないかのようでした。そのとき、おばは母に言いました、「私たちにはこんなことはできない。父も母も間違っているって言うでしょう。すべてを耐え抜いたいまだからこそ、復讐ではなく正義を追求しなければ。それしかないでしょう」、と。母はまだ泣いていましたが、おばに口づけをして、そして二人連れ立って歩いてその場を去りました。[*31]

それでは、私たちが贖罪を、救済を得るための源はなんでしょうか。それは究極的には、他者を、つまり私たちが生み出した犠牲者――パレスチナ人とレバノン人と、そしてユダヤ人も――を、受け入れようとする私たちの意志にあります。また、嘆きの民として犯してきた不正義を認める意志にあります。さらに、私たち自身の歴史を超えた複数の歴史の存在と、それらを結びつける共通の糸の存在を認めることに、救済の源はあります。それらを受け入れたときに、おそらく私たちはより公正な解決を達成することができるのです。そのとき私たちは、絶対的であるのではなく平凡であろうとするでしょうし、また、ユダヤ人にとっての唯一の希望とは、あるシオニストがだいぶ昔に言ったように故郷で穏やかに死ぬことにではなく、故郷で穏やかに生きることにあるのだ、ということをようやく理解するようになるでしょう。

最後に作家イレーナ・クレプフィスの言葉を引用して、この話を終えたいと思います。彼女の父親は、彼女とその母親をワルシャワ・ゲットーからこっそりと逃がすことに成功し、その後、彼自身はゲットー蜂起で亡くなりました。

私がたどり着いた答え、それは、闘い、抵抗し、そして亡くなった、私たちの愛するこれらの者たちを哀悼する一つのやり方とは、彼らの同胞の日常生活が破壊されたときに、それを眼前にした彼らの見方や彼らの怒りを私たちが決して手放さないということだった。私たちが日常生活のなかでつつがなく生き続けることを可能にするために必要なのは、この怒りなのだ。その怒りを、ユダヤ人の情況であれユダヤ人以外の者たちの情況であれ当てはめることなのだ。公共生活が崩壊する、そのどんな兆しでも目にしたならば、私たちの行動と洞察を活性化するために私たちが呼びおこすべきは、この怒りなのだ。射殺された十代の若者の死を嘆く母親の狂乱。滅茶苦茶にされた家、あるいは破壊された家の前で茫然と立ちすくむ家族。分断され追放された家族の姿。恣意的で不当な法律が商店の開閉時刻や学校の始業終業時刻を命じること。文化が自分たちとは異質であることを劣等性の証拠とみなしてその人びとを辱めること。市民権もなく、路上に放り出された人びと。軍の統制下で生きる人びと。これらの悪が平和の障碍であることを私たちは身をもって知っている。こうした情況を認めたならば、そのときこそ私たちは過去を想起し、ワルシャワ・ゲットーのユダヤ人たちを鼓舞したあの怒りと同じものを抱き、その怒りが現在の闘いへと私たちを導くようにするのだ。*32

したがって、私たちは亡くなった人びとを想起しなければならないのですが、それは、彼らの死をたんに記憶しておくためではありません。そうではなく、パレスチナ人とユダヤ人両方の日常生活を肯定することによって、彼らの生を讃えるためでもあるのです。それゆえこれが、エドワードが言ったように別の夢を見る可能性を生み出す、私なりのオルターナティヴなヴィジョンなのであり、そこでは、最後にまたT・S・エリオットを引用すると、「火と薔薇とは一つ」*33なのです。

＊1　本講演の元となる発表は、*The Impossible Union of Arab and Jew: Reflections on Dissent, Remembrance and Redemption*, The Edward Said Memorial Lecture, University of Adelaide, 11 October 2008である。また別バージョンの文章を"On Dignity and Dissent: The Journey of a Child of Holocaust Survivors"と題してCamille Mansour and Leila Fawaz (eds.), Transformed Landscapes (Cairo: American University in Cairo Press, 2009)に掲載予定。なお本講演は、以下の三本のエッセイを下敷きにしている。"Living with the Holocaust: The Journey of a Child of Holocaust Survivors," Journal of Palestine Studies 32, no. 1 (Autumn 2002)［サラ・ロイ「ホロコーストとともに生きる――ホロコースト・サヴァイヴァーの子供の旅路」岡真理訳、『みすず』二〇〇五年三月号］;"Searching for the Covenant: A Response to the Work of Marc H. Ellis," Journal of the American Academy of Religion 17, no. 3 (September 2003); and "A Jewish Plea," in Nubar Hovsepian (ed.), The War on Lebanon: A Reader (Northampton, MA: Interlink Publishing, 2008)

＊2　Mahmoud Darwish, *Edward Said: A Contrapuntal Reading*, Al-Ahram Weekly, 10 July 2004

＊3　*Edward W. Said, Culture and Imperialism* (New York: Alfred A. Knopf, 1993), p. 281.［エドワード・サイード『文化と帝国主義2』大橋洋一訳、みすず書房、二〇〇一年、一五二－一五三頁［T・S・エリオット『四つの四重奏』岩崎宗治訳、国文社、二〇〇九年、七四頁］

＊4　Edward W. Said, *The Pen and the Sword: Conversations with David Barsamian* Toronto, Canada: Between the Lines Press, 1994, pp. 104-105.［エドワード・サイード『ペンと剣』中野真紀子訳、クレイン、一九九八年、一四九頁］

＊5　Eqbal Ahmad, "Introduction," in Edward W. Said, *The Pen and the Sword: Conversations with David Barsamian*, p.18. 同前、二八頁

＊6　Benita Parry, "Counter-Currents and Tensions in Said's Critical Practice" (The Edward Said Symposium: Locations—Readings—Legacies, Berlin, 25-27 September 2008で配布された論文）から引用。元となる出典は、*Conrad and the Fiction of Autobiography* (Cambridge, MA: Harvard University Press, 1966および"Introduction to Eric Auerbach's *Mimesis*," in *Humanism and Democratic Criticism* (New York: Columbia University Press, 2004)である。

＊7 Ibid.

＊8 Ibid.

＊9 Eqbal Ahmad, "Introduction," in Edward W. Said, *The Pen and the Sword: Conversations with David Barsamian*, p. 11. サイード『ペンと剣』一九頁

＊10 Arundhati Roy, "The New American Century," *Nation*, 9 February 2004

＊11 George W. Bush, Address to a Joint Session of Congress and the American People, 20 September 2001

＊12 Ammiel Alcalay, *Memories of Our Future: Selected Essays, 1982–1999* (San Francisco: City Lights, 1999)を参照

＊13 Meron Benvenisti, "Systematically Burying Ourselves," *Ha'Aretz*, 18 January 2002

＊14 Jacqueline Rose, "'Imponderables in Thin Air': Zionism as Psychoanalysis (Critique)." Second lecture (of three) of the Christian Gauss seminars on "The Question of Zion," Princeton University, 16–23 September 2003. The three Gauss lectures were later published as *The Question of Zion* (Princeton: Princeton University Press, 2005), p. 63 参照

＊15 Marc H. Ellis, "The Future of Dissent: A Reflection on *What Shall I Do With This People? Jews and the Fractious Politics of Judaism* by Milton Viorst," *Middle East Policy* 11, no. 1 (Spring 2004)

＊16 Marc H. Ellis, *Practicing Exile: The Religious Odyssey of an American Jew* (Minneapolis: Fortress Press, 2002), p. 124

＊17 Ibid, p. 65

＊18 Jacqueline Rose, "'Break their Bones': Zionism as Politics (Violence)." Third lecture (of three) of the Christian Gauss seminars on "The Question of Zion." Princeton University, 16–23 September 2003. See Rose, *The Question of Zion*, pp. 144–45.

＊19 Ellis, *Practicing Exile*, p. 59

＊20 Marc H. Ellis, *O Jerusalem! The Contested Future of the Jewish Covenant* (Minneapolis: Fortress Press, 1999), p. 91

＊21 Jacqueline Rose, *Suffering and Injustice Enough for Everyone—On Empathy and the Complexity of Political Life, Essay in Honor of Edward Said*, Draft, May 2004

＊22 Jacqueline Rose, "The Question of Zionism: Continuing the Dialogue," Memorial for Edward Said, Paris 2004. 同講演は、

Critical Inquiry 31, no. 2 (Winter 2005), pp. 512–18に転載された。

＊23　エドワード・サイードが好んだコンスタンディノス・カヴァフィスの詩「野蛮人を待つ」にはこうある。「連中はせっかく解決策だったのに。」Aliki Barnstone (trans), *The Collected Poems of C.P. Cavafy: A New Translation* (*New York*: W.W. Norton, 2006)［日本語では『カヴァフィス全詩集』中井久夫訳、みすず書房、一九九一年］

＊24　Jacqueline Rose, *The Last Resistance* (London: Verso), 2007

＊25　Edward Said, "Bases for Coexistence," in the *End of the Peace Process—Oslo and After* (London: Granta, 2000), p. 208 (cited in Rose, "The Question of Zionism")

＊26　Rose, "Imponderables in Thin Air"

＊27　Akiva Eldar, "Victims Forever," *Ha'aretz*, 29 January 2009

＊28　Silvia Tennenbaum, "Why doesn't Israel work for peace?" *Newsday.com*, August 4, 2006

＊29　Jean-Moise Braitberg, "Open letter to the President of Israel," *Le Monde*, 29 January 2009

＊30　Ellis, *O Jerusalem!*, p. 123

＊31　Sara Roy, "A Jewish Plea," in Nubar Hovsepian (ed), *The War on Lebanon: A Reader*

＊32　Irena Klepfisz, "Yom Hashoah, Yom Yerushalayim: A Meditation," in *Dreams of an Insomniac: Jewish Feminist Essays, Speeches and Diatribes* (Portland, OR: Eighth Mountain Press, 1980)

＊33　T.S. Eliot, *Little Gidding* (No 4 of 'Four Quartets'). エリオット『四つの四重奏』、一〇三頁

〈新しい普遍性〉を求めて

ポスト・ホロコースト世代と
ポスト・コロニアル世代の対話

サラ・ロイ × 徐京植

早尾貴紀

みなさま、今日はUTCP（東京大学COE）の対談企画を聴きにきてくださり、ありがとうございます。司会でUTCP研究員の早尾貴紀と言います。サラ・ロイさんの招聘者であり、またこの対談の発案者でもある私から、お二人の簡単な紹介と、発案の意図をごく簡単に説明いたします。

サラ・ロイさんは、イスラエルによるパレスチナの占領体制を、とりわけガザ地区問題に焦点を当てて、政策的反開発の問題から、つまり政治経済学の観点から研究をされている方です。その仕事はすでに一九九〇年代から注目と議論を呼んでおり、『ガザ回廊』（本書序章参照）はもはや必読の教科書とも言える名著として知られています。しかし同時に彼女は、第二次大戦中のホロコーストの生き残りを両親にもつユダヤ人として、そのルーツを自覚的に背負っています。すなわち、ホロコーストがあったからイスラエルというユダヤ人国家が必要なのだという政治神話に開き直ることなく、むしろ徹底して自らの背景と立場を反省的に見つめながらパレスチナ問題に向き合っているのです。たんなる倫理主義からでもなく、たんなる経済主義からでもなく、その両方の視点から、彼女は占領の問題を批判的に分析しつづけています。まさに、新植民地主義とも言うべき現代世界においてあるべき姿勢を示していると思います。

　そうした観点からロイさんに学ばせていただこうと、そしてその批判精神をわずかでも日本社会に育てようと考え、招聘を決めたのは一一月のことであったということは付け加えておきたいと思います。その後一二月から一月にかけてのガザ地区に対する猛攻撃があったために、世界で随一のガザ地区問題のスペシャリストとしてロイさんの来日にはにわかに注目が集まりましたが、ニュースのコメンテーターよろしくガザ地区はどうなるのかということを聞き出したいがためにロイさんを招聘したのではありません。

　また、ロイさんの招聘を決めると同時に、私は、講演のほかに徐京植（ソキョンシク）さんとの対談を企画しました。徐さんは在日朝鮮人として、ポスト植民地主義あるいは新植民地主義的状況にある（脱植民地主義ではありません）日本社会の差別や民族問題について鋭い批判を発しつづけていると同時に、そういった問題をより深く思想的に考察するにあたって、近現代ヨーロッパ社会の反ユダヤ主義やホロコーストの問題、そして現在のパレスチナ／イスラエル問題に強い関心を寄せてきました。徐さんには、パレスチナ人の映画監督ミシェル・クレイフィ氏との対談を含む『新しい普遍性へ』（影書房、一九九九年）という対談集、あるいは『プリーモ・レーヴィへの旅』（朝日新聞出版、一九九九年）といった著作もあり、そこで在日朝鮮人と日本社会の問題をユダヤ人問題やパレスチナ問題に架け橋するような新しい思考の回路が模索されています。今日の対談タイトルにある〈新しい普遍性〉（エドワード・サイードからとられたもの）も徐さんの提案されたものです。

欧米キリスト教世界中心のあるいは日本も含む経済大国中心の無反省で傲慢な「普遍主義」ではなく、しかしそれを脱却するとしても「すべては相対的にすぎない」と批判の基準さえも放棄するのではなく、被抑圧者あるいは第三世界に共有される「新しい普遍性」をいかにして構築できるのか。しかもそれを、日本社会のマイノリティである徐さんに提起してもらってそのおこぼれに預かるのではなく、例えば日本社会のマジョリティである日本人としての私がいかにして自己批判をしながら「新しい普遍性」を目指すのか、ということが問われていると思います。

それでは対談に入っていきますが、最初に徐京植さんの方から、サラさんのエッセー「ホロコーストとともに生きる」を読まれた上でのレスポンスをいただくことから始めたいと思います。

「ホロコーストとともに生きる」へのレスポンス

徐京植

いまこうしてサラ・ロイさんと直接お会いする機会を得て、私は、彼女のきわめて重要なテクスト「ホロコーストとともに生きる」を初めて読んだときの感銘を改めて想起しています。

岡真理さんが翻訳してくださったお陰で、二〇〇五年の春になって私はこのテクストを眼にすることができました。ある出版社のささやかなPR誌（『みすず』）に掲載されたこのテクストに目を留めた人は、それほど多くはないでしょう。おそらく、彼女の居住地である米国においても、事情は同様であろうと想像します。こうした言説は、いらだたしいほど控えめにしか流通せず、ごくささやかな人々にしか読まれず、その影響力は決して大きいとはいえないでしょう。しかし、ほとんどの人々が非理性的な排他主義へとなだれを打って転落している時に、必要な場所で、必要なタイミングで、必要なことが語られたということは重要です。もし、そういう理性の声がまったく発せられなかったとしたら――そう考えると、その重要性には疑問の余地はありません。

注記を見ますと、サラ・ロイさんは二〇〇二年四月八日に、このテクストのもとになった講演をなさいました。それがどういうタイミングであったか、すこし想像してみましょう。

パレスチナでは二〇〇〇年九月からアル・アクサー・インティファーダ（第二次インティファーダ）が激しく闘われていました。二〇〇一年八月に南アフリカのダーバンで開かれた国連人種差別撤廃会議においては、多数の参加国が、イスラエルによるパレスチナ地域の軍事占領と統治を「あらたな形態のアパルトヘイト」だと非難し、さらにシオニズムを人種主義と規定し、イスラエル軍によるパレスチナ人民間人虐殺を「種族掃討または大量虐殺」だと強く非難しましたが、これに反対してイスラエルと米国が会議から撤退するという出来事が起きました。

〈九・一一〉事件が起きたのは、ダーバン会議閉幕の直後です。二つの出来事の間に直接の関係があるかどうかは分かりませんが、大きく見れば、〈九・一一〉はダーバンへの応答と見ることも可能であり、この事件を絶望的な悪循環の象徴と読むことは困難ではありません。

〈九・一一〉の直後、ブッシュ大統領は「対テロ戦争」を布告しましたが、米国国民の八〇パーセント以上が熱狂的にそれを支持しました。それはパレスチナ地域では米国の強力な後ろ盾を得たシャロン政権による占領地への軍事侵攻となってあらわれました。二〇〇二年四月、イスラエル軍は西岸地区のジェニン難民キャンプを包囲し、報道陣や国際赤十字を閉め出して、軍用ブルドーザーで住民もろともキャンプの家々を押しつぶし、戦車やヘリコプターで無差別に攻撃を行ないました。いわゆる「ジェニンの虐殺」です。

サラ・ロイさんの講演は、まさにこのタイミングで行なわれたのです。

「ホロコーストとともに生きる」というタイトルだけを見てその中身を読まなければ、少なからぬ人々が、このテクストはホロコーストの物語を利用してイスラエルの非道な占領政策を正当化しようとする底意のものと即断したことでしょう。「対テロ戦争」という非理性的な熱狂が支配する場で、「ジェニンの虐殺」が進行しているときに、みずから「ホロコースト・サヴァイヴァーの子ども」と名乗る彼女が、このテクストを発表したのです。まさに、必要な場で、必要なタイミングで、それを語るにふさわしい人によって語られた、理性の声であるといえます。その声はささやかであっても、数年の時差と何千キロという距離を越えて、このように、他者である私に届きました。

昨年末からのイスラエルによるガザに対する軍事攻撃は、ジェニンの虐殺を上回る規模のものです。古くからの幾つもの傷の上に加えられた、この新しい傷の血がまだ乾かないいま、サラ・ロイさんを迎え、彼女のテクストを再読することが、必要なタイミングで行なうべき必要な知的作業であることは疑いありません。おそらく、この場に参加した皆さんのうち幾人かにも彼女の理性の声が届くであろうと期待します。

もちろん、歴史上の多くの事例の示すように、理性の声は無力です。

「対テロ戦争」の熱狂は、理性の声を蹴散らして、とうとう二〇〇三年春のイラク侵攻を実現してしまいました。ひとつの国家が破壊され、数十万の人々が命を奪われました。開戦の口実となった「大量破壊兵器」は結局存在しなかったことが今では明らかとなりましたが、ブッシュ氏も米国政府も、またそれを支持した米国国民も、まったく責任を問われていません。付け加えて言えば、「イラクに大量破壊兵器が隠されている」という米国に無条件に追従した日本の政府も、それを支持した日本国民も責任を感じてすらいません。

「ユダヤ人対アラブ人」「ユダヤ教対イスラム教」「西洋文明対イスラム文明」といった虚偽の対立構図を用いてする暴力行使の正当化を根本的に批判し、「占領と被占領」という対立構図にこそ問題の本質があるというシンプルな真実を粘り強く説いてきた人物たちの一人がエドワード・サイードでした。いわゆる「パレスチナ人」の側にサイードが存在し、いわゆる「ユダヤ人」の側にサラ・ロイが存在するという事実そのものが、単純で暴力的な対立構図を煽るイデオロギーへの貴重な抵抗であったといえるでしょう。

エドワード・サイードはアルメニア難民出身のデービッド・バーサミアンによるインタビュー（『ペンと剣』）の中で、こう語っています。

「僕らがいるのはどうやら最後のフロンティアであり、本当に最後の空を見ているらしい。その先には何もなくて、僕らは滅びていく運命にあるらしいことはわかっているのだけれど、それでもまだ、僕らは「ここから、どこへ行くのだろう」と問いかけているのです。僕らは別の医者に診て貰いたい。「おまえたちは死んだ」と言われただけでは、納得しません。僕らは進み続けたいのです。」（五六頁）

そのサイードが二〇〇三年九月に亡くなりました。〈九・一一〉の二年後、イラク戦争開戦の半年後でした。サイードは孤独でした。米国で多くの理解者を得ない彼は、実はパレスチナにおいても多くの理解者を得ていません。そのどちらにおいても、異なった意味でではありますが、彼は「場ちがい」であり、「よそ者」なのです。

彼と同じように孤独な者、すなわち複数の共同体にまたがる人生を誠実に生きようと努め、そのことのためにどの共同体においても多くの理解者を得ることができない者は、この世界に少なくありませんが、今のところ、その者たちのそれぞれが、それぞれの場所で「場ちがい」であり、孤独なのです。その「場ちがい」な者たちは互いの姿をはるか遠くに認め、互いに出会おうとしていますが、しかし、互いを分断し隔て続ける壁はなお高く鞏固です。

私はサラ・ロイさんもサイードがそうであったのと同じ意味で、孤独であろうと想像します。

アウシュヴィッツの生存者であったイタリアの文学者、プリーモ・レーヴィは一九八二年のイスラエル軍によるレバノン侵攻とサブラ・シャティーラの虐殺事件に際して、「イスラエルは攻撃的ナショナリズムに傾斜している。ディアスポラ・ユダヤ人の歴史に存在する寛容の系譜を再評価すべきだ」という趣旨の控えめな見解を表明しましたが、そのためにイスラエル在住のアウシュヴィッツ生存者仲間たちから「針のような非難の手紙」を受け取り、ユダヤ人共同体から孤立しました。レーヴィはその五年後、一九八七年に自殺しています。私はレーヴィの孤独の深さを想像すると同時に、現代の世界において「理性的であろうとするもの」「寛容の価値を説こうとするもの」が不可避に支払わなければならない代償の重さを想像せざるを得ません。サイードもこのような代償を支払ったのであり、おそらくサラ・ロイさんも、そのことを自覚しているのではないかと思います。

レーヴィ、サイード、サラ・ロイ……こうした人びとのテクストに接する私たちが、その高貴な代償を忘れて、ただ知的資源として消費してよいはずがないと思うのです。

私は韓国の日刊新聞『ハンギョレ』に四週間に一回ずつコラムを連載しています。もともとは二週間に一回でしたが、現在の世界的大不況の影響がここにも及んで紙面が削減され、私の連載も回数が減らされたのです。

さる一月二五日付けで、私が書いたコラムの一部をご紹介します。

■「おれの心臓を舐めてみろ、毒の味がするから……」

荒廃しきった表情の老人が、カメラを見据えて、そう言う。クロード・ランズマン監督のドキュメンタリー作品『ショアー（SHOAH）』の一場面である。（…）一九四三年四月、ワルシャワ・ゲットー内のユダヤ人戦闘組織がわずかな武器を手に絶望的な反乱に決起した。この蜂起はおよそ一カ月後に鎮圧されたが、五万六千人あまりのユダヤ人が捕らえられ、うち七千人は殲滅、七千人はトレブリンカ絶滅収容所で処理、これ以外に五、六千人が爆破や火災で死亡、残りは各地の収容所に送られた。これに対してナチス側の死者はわずか一六人だった。冒頭の台詞は、このワルシャワ・ゲットー蜂起を辛うじて生き延びた生存者の言葉だ。

いま、パレスチナのガザ地区で、瓦礫の中に放り出された人々が、同じ台詞を口にしているに違いない。（…）イスラエル国家とその国民によるこの犯罪を「ホロコーストの犠牲者であるユダヤ人によるもの」と語る修辞は一面的であり事実に反する。それは冷笑主義を鼓舞するだけで、その克服には役立たない。「ユダヤ人」と「イスラエル国家」は厳密にお互いに区別すべき概念だ。

サラ・ロイという人物がいる。彼女に「ホロコーストとともに生きる」と題するエッセーがある。ホロコーストで肉親の多数を失った彼女が、研究のためにイスラエルに往来するうちに、どのように覚醒したかが、このエッセーで語られている。彼女はその地でパレスチナ人が日常的に経験させられている屈辱、恐怖、人間性の破壊を身をもって知ることによって、自分の親たちの世代がナチス時代に経験されられたことへの想像力を得たというのだ。

こうしたユダヤ人知識人がひとりでも存在すること、それがあえていえば「希望」であるといえよう。■

担当編集者が伝えてきたところでは、このコラムが掲載された後、ソウルのハンギョレ新聞社編集部をイスラエル大使館員が訪れたそうです。大使館員はイスラエルに関する「均衡ある報道」を慇懃に要望した後、そのコラム（私の書いたもの）だけは到底、受け入れられないと強い口調で言明したとのことです。

そのような出来事があったので、わたしはその次に書く予定していたテーマを変更して、もう一度パレスチナをテーマに書きました。二月二五日付けのコラムの一部をご紹介します。

私はそのコラムの前半をサラ・ロイさんのテクストの内容紹介に費やしました。そして、あのきわめて象徴的なエピソード――ロバを引いた老人と孫がイスラエル兵士に辱められるエピソードを引用した後、次のように続けました。

■この光景を目撃した時、ロイさんは両親が自分にしてくれた、数々の逸話を思い出したという。歯ブラシで歩道を磨くよう強制されたこと、公衆の面前で顎ヒゲを剃り落とされたことなど、一九三〇年代にユダヤ人たちがナチによってどう扱われていたか、という逸話である。「あの老いたパレスチナ人の身に起きたことは、その原理、意図、衝撃において、それとまったく等しいものだ」と彼女は気づいた。人間を辱め、人間性を剥奪することにおいて、過去のドイツ兵と現在のイスラエル兵の間に違いはない、ということに。

「占領とは一つの民族が他の民族によって支配され、剥奪されるということだ。彼らの財産が破壊され、彼らの魂が破壊されることだ。占領がその核心において目指すのは、パレスチナ人たちが自分たちの存在を決定する権利、自分自身の家で日常生活を送る権利を否定することであり、彼らの人間性をも否定し去ることだ。占領とは辱めであり、絶望である」

ロイさんのこうした思想は、ユダヤ人の経験とパレスチナ人の経験を、対立させてとらえるのではなく、普遍的な苦難の経験としてとらえることで両者をつなごうとするものだ。彼女は言う。「私にとってホロコーストの教訓とはつねに、特殊な（ユダヤ人の）問題であると同時に、普遍的な問題だった。ここでもっとも重要なことは、この二つを決して分けることはできない、ということだ。二つを分けることは、どちらの意味も矮小化することになる。」

エドワード・サイードは二〇〇〇年に受けたインタビューで、次のように語っている。「（一九六七年第三次中東戦争以来のイスラエルによる西岸地区とガザ地区の占領は）二〇世紀と二一世紀におけるもっとも長い入植・軍事占領なのですよ。それ以前に最長であったのは一九一〇年から一九四五年にかけての日本による朝鮮半島占領です。イスラエルによる占領はいよいよ最長記録に届こうとしています。」（『文化と抵抗』）

サイードの視野には朝鮮半島が入っていた。日帝占領下の朝鮮で起こった出来事の具体的な事実を彼は知らないかもしれない。しかし、彼は植民支配と占領というものを本質的に理解していたので、同じ占領の苦難を経験した朝鮮民族を視野に収めることができたのである。

さて、私がここで問わなければならないのは、私たち自身のことである。私たち朝鮮民族は自らの苦難の経験を他者への想像と共感にまで高めているだろうか？　サイードのように、自分たちが三六年間も経験した占領の苦しみを、いまパレスチナ人たちが経験しているのだと想像してみる人がどれくらいいるだろうか？

　産業構造が近代化したとか、生産力が増大したとか、さまざまな理由をつけて植民地時代の真実を覆い隠そうとする言説がある。こうした議論に決定的に欠如しているのは、「占領とは辱めであり、人間性の破壊だ」という観点だ。このことを直視する能力がないか、あるいは直視する勇気のない人々が、「あの時代も悪くなかった」と言いたがるのである。そういう人びとは結局、自分自身の歴史を偽っているだけではない。いま占領下で苦しんでいる全世界の人びとに敵対しているのである。■

　このコラムは今週土曜日に掲載される予定です。あまり読者が多いとは言えませんが、少なくともイスラエル大使館員だけは熱心に読んでくれることでしょう。

　きょうのサラ・ロイさんとの対談に「新しい普遍性へ」というタイトルをつけることを提案したのは私です。この言葉は、もともとエドワード・サイードから借用しました。彼は九〇年代の初期に書いた「民主主義、人権、解釈」という論文で、「新しい普遍性 a new universality の構想」という問題提起をしています。西欧世界が独占してきた「普遍性」に対し、第三世界の側から多様な介入や異議申し立てをすることによって、新しい普遍性の構築へと進まなければならないという主張です。それは、西欧スタンダードの普遍性に対する全面的追従でもなければ、その全否定でもない、いうならば人類共有の普遍性へ向かう弁証法的過程を示唆するものでした。私はこのアイディアに大いにインスパイアされ、たとえば一九九六年にベルギー在住のパレスチナ人映画監督、ミシェル・クレイフィとの対談に際しても、この言葉をキー概念として議論しました。

　きょう、サラ・ロイさんと私は「ホロコースト・サヴァイヴァーの子ども」と、「植民地被支配者の子ども」として、ここで出会っています。私たちは相互に異なるコンテクストを生きてきましたが、互いに交錯し、重なり合うものもきっと多いはずです。

　たとえば、一九四八年はイスラエル建国の年であり、パレスチナ人にとってはナクバの年ですが、私たち朝鮮民族にとっては日本からの解放後三年目にして故国が南北に分断された年です。パレスチナの分断と朝鮮の分断、この二つの事件は偶然に同じ年に起きたのではありません。近東と極東という遥かにかけ離れた地域で起こったこの二つの事件は人類史における植民地支配、軍事占領、そして国民国家体制という時代の結節点を示す事件であるといえます。そして、パレスチナも朝鮮も、疼き続ける分断の傷に苦しんでいます。パレスチナと朝鮮の問題を正しく解くという課題は、人類史における植民地主義、占領、国民国家体制という難問を正しく解くという課題と同義であるとすらいえるでしょう。そのためには、この二つの事件をむすぶ文脈を統一的なものとして理解し、その解決のために資する「新しい普遍性」を私たち自身が構築しなければならず、その下に連帯しなければならないのです。

　かつて私が「新しい普遍性」について論じ合ったクレイフィ氏は、映画「スペシャリスト」の監督として知られるユダヤ系知識人、エイアル・シヴァン氏との合作で『ルート181』という優れたドキュメンタリー映画を製作しました。この作品そのものが、占領体制を根底から批判するという視座を共有するところから出発した、パレスチナ人とユダヤ人との連帯の試みであった、いわば「新しい普遍性」の構築に向けた試みであった、そう私は理解しています。

　きょうのサラ・ロイさんとの対話もまた、そうした困難ではあるが必要な努力の一端であると私は位置づけております。

徐京植　用意しましたこのレスポンスに、もう少し補足をいたします。

韓国の読者を対象に、在日韓国人である私が、このコラムで「わたくしたち」と言うときには、それは「We, Korean」という意味です。私は研究留学で韓国に二年間滞在しましたが、パレスチナ問題に対する関心が必ずしも高くない、ということにひじょうに残念な思いを致しました。同時に、ここに書きましたように、日本による植民地支配の時代は数字的に見れば必ずしも悪くなかった、というような言説（植民地近代化論）がかなり台頭しております。そういう、いま韓国でホットなイシューとこの問題とを結びつけようとする意図がこの文章にはあるということです。

ただし、これを日本のコンテクストに置き換えるときは、「わたくしたち」すなわち、ここにいる日本の人間がパレスチナ問題に対してどういう認識でいるのかということは、また、別の角度から、さらに一歩踏み込んで検討すべき問題であろうと思います。

それからもう一つ。おそらく今日のテーマの一つになると思いますが、韓国で私がつきあった範囲の人びとのなかでは、保守派は親イスラエルであり、進歩的な人びとは当然反イスラエルで親パレスチナというふうに非常に明確に分かれます。しかし、そういう進歩派は、ホロコーストについて語る、ということ自体への拒絶感をもっているようです。私がプリーモ・レーヴィについての著作を出しているということは早尾さんからご紹介頂いたとおりですが、いまなぜプリーモ・レーヴィの本なんか出すのだ、それではイスラエル国家を利することになる、という批判——私から見れば不本意な批判——を何回か受けました。それは、進歩的な人々ですらが、ここで私が批判している一種の二分法を、ホロコースト犠牲者の物語を国家神話として活用しているイスラエル、という神話のいわば反転した形として、ホロコーストについて考えたり語ったりすることはイスラエルを利することになるんだという図式を、内面化してしまっているということです。しかし私は、ホロコーストの物語は、普遍的な物語であり、普遍的に考察され共有されなければならないと信じています。今日のサラさんとの出会いがそういう場になることを強く期待してこの場に参りました。

それでは私から、サラ・ロイさんのテクストに関連して、いくつか質問しようと思います。

いまからする質問のなかには、いわばパーソナルな、彼女自身の家族に関することが含まれます。それはなぜかと言いますと、彼女自身のテクストが、彼女のご家族、ご両親、お母さん、おばさん、あるいは彼女自身のイスラエルでの見聞、こういったパーソナルな出来事を土台にしているからです。しばしば日本で誤解されていることは、このようなパーソナルな出来事に依拠するようなエッセーは、いわゆる客観的な学術論文よりも質が低いというような、誤解、残念な偏見があるように私は思います。しかしひじょうに優れた考察は自分自身のパーソナルな経験を普遍的なコンテクストに置いて見ることができるものです。まさにサラさんの書かれたものにはそういう力があるので、私がいまからしようとする質問も、そういう趣旨のものであるということをご理解頂きたいと思います。

最初に、私はあなたの「サラ」というファーストネームに、たいへん関心を惹きつけられました。なぜならば、私の知る限りでは、ドイツの同化ユダヤ人に対してナチスがある時期に「サラ」というミドルネームをつけることを強制した歴史があるからです。女性には「サラ」、男性には「イスラエル」というふうに。この私の理解が当たっているかどうか知りたいのですが、「サラ」というファーストネームと、ジュダイズムあるいはユダヤ出自だということは分かちがたく結びついていると思うのです。そうだとすると、あなた自身が自分のファーストネームに対してどういう感じを持っているか、あるいは、あなたのご両親は何か意図があってそういうファーストネームをあなたにつけたのでしょうか。

サラ・ロイ

まず、徐先生がこのような素晴らしいレスポンスをされたことに、私はひじょうに感銘を受けました。感動さえ覚えます。

さて、私の「サラ」という名前と、それからミドルネームとしてミリアムというのももっているのですが、その名前の両方とも私の祖母からもらっているものです。父方の祖母がサラという名前で、母方の祖母がミリアムという名前です。二人ともホロコーストで亡くなっています。私の母親が私にサラ・ミリアムという名前をつけたということは、一方で、それは家族の過去を想起しそこに尊敬の念を示すためであると同時に、他方で、これからも忘却されまいとする、未来に向けた闘いでもあったわけです。このようにして、亡くなった祖先の名前を子どもにつけるというのは、ユダヤ教の伝統なので、この私の名前も祖先を敬うということからきています。

このことで私が言いたいのは、私の両親のそれぞれの母、私の二人の祖母が亡くなったことを悼むためだけに、両親は私にサラ・ミリアムという名前をつけたわけではないということです。そうではなく、祖母たちが生きていたその「生」に対して尊敬の念を表したかったのです。亡くなった祖母の追悼だけが問題なのではけっしてありません。これは、両親が私にこういう名前をつけたということにおいて、ひじょうに重要な点だと考えます。

徐京植

私がそのような質問をしたのにはいくつかの意図があります。一つは、サラさん、あるいはサラさんのお母さんにとっての「ホーム（home）」というのはどこなのか、ということです。このエッセーによると、ひじょうに重要な問題ですけれども、ホロコーストを生き残った彼女のお母さんと、その妹であるおばさんが、戦後、一方はアメリカ合衆国に、一方はイスラエルに、それぞれ移住していきました。そのお母さんとおばさんとのあいだの様々なコントラストということがたいへん重要なバックグラウンドになっているわけです。

ここでナイーブに考えますと、ポーランドに残るという選択肢はなかったのかという問いがありえます。ポーランドで長年生活してきて、ポーランドで数世代にわたって暮らしてきた人たちなわけですから。しかし、われわれの理解では、第二次世界大戦直後のポーランドにおいても、反ユダヤ主義が非常に激しくて、ホロコーストの被害者であるもともとその土地に暮らしていたユダヤ人たちが、それ以上そこに住むことができない状況であったと理解しています。そのような一般的な理解が、サラさんのご一家にもあたるのかどうか。サラ・ミリアムという、ユダヤ教／ジュダイズムの伝統を引き継ぐ名前を名乗って生きるということは、代々住んだ土地から離れるということによってのみ可能だったと言えるでしょうか？

サラ・ロイ

おっしゃるとおり、私の両親にはポーランドにそのまま住むという選択肢はありませんでした。私の両親は同じイズビツァ［ワルシャワの南東約二〇〇キロ］の出身なのですが、戦争前にその町で私の両親は出会いました。そこから連れ出されて収容所に入れられていたユダヤ人の生き残りたちの多くは、ホロコーストの後に一度そこへ戻りました。家族のなかの誰か一人でも生き残ってはいないかと探しに戻ったわけです。私の母は九人兄弟姉妹の一人ですから、その家族たちを探したそうです。父も同じようにしたと思います。実のところ父からは戦争体験についてあまり詳しく聞かされていませんが。

ただ、父のある友人についての話はよく覚えています。その人は父ととても仲のいい友人で、たいへんに紳士的な男でしたが、やはり戦争が終わってすぐにイズビッァへ戻ってきたとき、そこでポーランド人に殺害されてしまったのです。戦後であるにもかかわらず、ユダヤ人を探し出して殺そうとするポーランド人たちがうろついていました。ですから、ユダヤ人にとって、ポーランドに戦後も残り続けるということは、選択不可能なことでした。反ユダヤ主義的風潮はひじょうに強烈で、両親は、すぐに逃げ出すことになりました。

実際、私の親族、つまり両親やおじやおば、それから友人たち、彼らはほとんどがホロコーストの生き残りでしたけれども、ポーランドにいるかぎりは、どこにいっても排斥されて行き詰まりになってしまっていました。ですので、その後はずっと、生涯ポーランドに戻ることは一度もありませんでした。たとえばとなりのドイツに行くようなことがあったとしても、ポーランドに戻るということはないわけです。戦前からのユダヤ人の小さな共同体はシュテットルと呼ばれる特異なものとして知られていて、そこに対してはたいへんに強い反ユダヤ主義が向けられるようになっていました。戦後はもはやそのような共同体で生活を営むなどという選択肢はありえませんでした。

ではどこか別な場所に移住しようという決断をするにあたって、生き残った私の母とおばのフラニアがどのような決断をしたのかについては、この「ホロコーストとともに生きる」という私のエッセーのひじょうに重要な部分をなしています。母とフラニアおばさんは、親族のなかで、収容所から生還したたった二人だけの生き残りでした。そして二人は、本当にすごく仲がよく、この世の中でこれほど仲のいい二人の人間はほかにはいないだろうというぐらいでした。それにもかかわらず、二人は「ユダヤ人国家」という理念については、まったく異なる態度をとることになったのです。母とフラニアおばさんには、ショシャナという名前のもう一人の姉がいまして、彼女はすでに一九三六年にパレスチナに移住していたのです。フラニアおばさんは、この姉を頼ってパレスチナに移住することを選びました。家族であるショシャナおばさんといっしょになることと、そしてユダヤ人国家のなかで安全が得られることを重視したわけです。

母のほうは、そのときまったく違う考え方をしていました。戦争中にユダヤ人として体験したことを通して、彼女は、ユダヤ教を実践するということ、ユダヤ人として生きるということは、さまざまに異なった人たちのいる多元的な社会のなかで生きるということにほかならないと考え、ユダヤ人だけの社会のなかで生きることを拒否したのでした。母にとっては、ユダヤ人も、ユダヤ人以外のすべての人たちもみな等しく大切なのです。そして母は私に対してよくこう言っていました。そういうふうな多元的な社会で生きなければ、寛容さや共感を学べないし、自分の痛みだけでなく他人の痛みも理解できない、と。

こうしたことを母は重視していたので、おばと別れることになりました。最終的にフラニアおばさんはイスラエルへ、母はアメリカ合衆国へ行くことになりました。これは二人にとって本当につらく困難な決断でした。しかしそれは、お互いにどうしても譲れない部分でもあったのです。もちろん二人はその後も仲良く、相互に訪問しあってはいましたが、しかし別々の場所に住む決断をしたのです。

徐京植

いまのお話の後半の部分が、実は私が尋ねたかったことなのです。つまり、サラさんのお母さんは他者とともに暮らす多元的な生活というものに対する確信から合衆国に渡った。そのことを表面的にだけ理解すると、彼女はいわば多元的な生活というものをすでに経験していて、そしてそういう環境のなかに育ったからではないかと誤解しがちですよね。しかしそうではなくて、サラさんのお母さんが育ったのは、われわれが例えば、シャガールの回想記や絵画とか、ヴィシュニアックの写真などから想起する、あるいはアイザック・ドイッチャーの『非ユダヤ的ユダヤ人』（岩波新書）の前半部分に書かれているような非常に伝統的な東欧ユダヤ人の共同体です。そこでは絶えずマジョリティであるカトリック教徒の共同体との間に強い緊張がある。そういう状態のなかで育った人が、しかもホロコーストを経験した後に、多元的な他者とともに暮らすという選択をなぜできたんだろうか。そのことが、私にとっては、ある種の驚きを伴うような問題意識であるわけです。

つまりそうした伝統から導き出されるものは、イスラエル国家が主張しているような個別的排他性ではない、ということをたぶん言っているのだろうと思います。ジュダイズムのなかのそうしたいわば寛容というような伝統が多数によって共有されているのか、どれぐらい普遍的な意味を持っているのかということについては別に議論しなければならないと思いますけれども、サラさんが語っているこのパーソナルな出来事は今のような問いを私たちに投げかけているのだ、と私は考えています。

付け加えて言いますと、彼女の講演（本書第二部「ホロコーストからパレスチナ－イスラエル問題へ」）を聴いた後に、彼女が話していたことですが、アメリカに行く道を選んだ彼女のお母さんは、政治的にはたいへん保守的な人だったそうです。イスラエルに渡ることを選んだおばさんは、ほとんどコミュニストに近い極めて進歩的な人だったそうです。その二人の道がいわば交叉して今は逆転しているということも、一種の弁証法というようなものを見せられるようで、たいへん興味深い話だと思いました。

サラ・ロイ

戦争前のポーランドにおけるユダヤ人の生活は、私も人に聞いたり本で読んだりしたところによるのですが、社会全体からは別のところにあった、つまり隔離されていたようです。たとえば、ユダヤ人と非ユダヤ人とが出会ったり関係をもつ場面というのはひじょうに限られていましたし、相互に敵意ももっており、人種主義、反ユダヤ主義が広まっていました。ユダヤ人の生活は、文化的にも、宗教的にも、民族的にも、周囲から際立ち、そして囲い込まれていました。つねにとまでは言いませんが、しばしば争いごともあったようです。

だとすれば、私の母親の言わば多元主義を大事に思う気持ちがどこから来たかについては、ポーランドでの経験には求められないと思います。というのも、状況に帰してしまうと、たとえば私のおばがイスラエルに行き、母がアメリカに行ったというのとは逆のことも状況次第では考えうるからです。

母の性格のことを思うと、彼女は他者を受けいれる気持ちを強くもっていた人、ということが言えると思います。つねに自分の仲間の集団を超えて他人に手をさしのべるようなところがありましたが、それは他人を助けたいとかいうことではなくて、そこにこそ美や力があるというふうに母は考えていたように見受けられます。こういう家庭で私は育ちましたし、母とそして父からも、そうしたことを私は学んできました。

母については、徐さんが言及されましたように、前の講演で話しました。私は、母とおばとをかれこれ三〇–四〇年ほど見てきましたが、二人の違いを見るのはひじょうに興味深いものでした。まだ一家がポーランドに住んでいたころ、彼女らの父、すなわち私の祖父はユダヤ教のラビでした。ですから、彼女らは若い頃は、ユダヤ教正統派の宗教的な家庭で育ったわけです。興味深いのは、母のほうはそうした宗教的生活にひじょうに馴染んでいたのに対して、その後イスラエルに移住したフラニアおばさんのほうは若かった当時は宗教的なものから完全に切り離されていたことです。彼女自身は無神論者という言葉は使いませんでしたが、事実上は無神論者のようなものでした。

しかし、それぞれにポーランドを離れてからは、政治的な志向性は変わりました。私の母は、先ほど徐さんがおっしゃったように、政治的にはひじょうに保守的な人で、逆に、フラニアおばさんは宗教的信仰をもたなかったこともあって、政治的にはずっと進歩的でした。しかし、それがまったく逆転してしまったのです。それは、二人ともまだ若い頃、戦後直後でまだ二〇代のときに、それぞれアメリカ合衆国とイスラエルとに移住し、そこで残りの人生のほとんどを過ごし、それぞれの仕方で社会性を身につけていったためです。私が将来やっておきたい仕事というのは、母とおばの二人が、二つの異なる社会によって、なぜ変わったのか、どのように変化したのかを考察し、本のかたちにまとめることです。彼女らがそれぞれ、どのように自己形成をなし、生活世界のなかで、あるいはそれを超えたより広い世界のなかでどのように対処し、またどのような役割を果たしてきたのか、そしてそれらが二人のあいだでどれぐらい大きく異なっていたのか。そういったことを描き出したいと考えています。

徐京植　私がこういうことをお伺いする理由は、私の頭のなかにはプリーモ・レーヴィの最後のインタビュー（『プリーモ・レーヴィは語る』青土社、二〇〇二年）が浮かんでいるからです。プリーモ・レーヴィは一九八七年に自殺してしまうわけですが、イタリアのユダヤ系作家でアウシュヴィッツの生き残りです。彼は一九八二年のイスラエルのレバノン侵攻を批判して、そのために同じユダヤ人、同じアウシュヴィッツの生き残りの人たちから非難され、孤立したわけです。それで、そのプリーモ・レーヴィの最後のインタビューに、ジュダイズムの伝統のなかには「寛容」(tolerance) というものがあり、それは、たとえばシオニズムという極とtoleranceという二つの極がある楕円のような伝統を持っているのだけれども、このtoleranceの極の方をもう一度きちんと見直さなくてはいけない、ということが言われているのです。私はそのことの意味を大まかには理解することができますが、具体的な生活経験に基づくようなかたちで、しかも一般の庶民のレベルでどうであるのかについて、もっと知りたいわけです。ですから、いまのような質問をしたのです。

すこし付け加えて言いますと、そのようなtoleranceの伝統というのは、高邁な思想家や宗教家が頭のなかでつくっているものではないだろう、と私は思います。むしろもっとも差別されたもの、もっとも迫害されたもの、そしてまた武力や権力によって他者に対し反撃する手段さえ奪われている人びとが、そうであるがゆえに、不可避的に身につけることのできるtoleranceです。たとえば西欧社会におけるユダヤ人というのは、国家のない人びとであり、他方で国家というのは武装・武力の極致です。すなわち、国家制度としての軍隊や警察や監獄や裁判所などがもてない状態で生きてきた人びとが、そうであるがゆえに不可避的に身につけねばならなかったtolerance。したがって、その人たちにそれを強いた側から見れば、ただそれをtoleranceとしてだけ享受することが許されないようなtoleranceであるわけです。そういうものであるがゆえに、おそらく彼女のお母さんのような、いわば正統派の伝統的で保守的な生活をしていた人たちのなかにむしろtoleranceというものが生きていたのではないだろうか、というのが私の推測です。しかしこれはとんでもない見当違いかもしれませんので、これについてのサラさんのお考えを聞いてみたいと思います。

サラ・ロイ

私の母にとっては、そしてそれは私にとってもそうなのですが、「寛容」というのはユダヤ教の価値観の一つであり、ユダヤ人にとってきわめて重要な核心部分に組み込まれているものだったと思います。もちろん私は宗教を研究しているわけではないのですが、私の考えるところでは、それこそが私たちをユダヤ人たらしめる特徴ではないでしょうか。母と話をするとき感じていたことなのですが、数あるユダヤ教倫理のなかでもこの「寛容」を母は最も強く意識していたようです。そして母は、その寛容という倫理を真に実行に移すことのできる社会とは、多元的な社会をおいて他にはないと考えていました。つまり、自分と同類の仲間だけの社会ではなく、自分とは異なる集団の人びとともに暮らす多元的な社会でなければ、他者を受け入れるとか寛容を学ぶということなどできないわけですから。

もちろん、国家をもたなかったユダヤ人たちが抑圧され迫害を受けてきたというのは実際そのとおりですから、そうしたなかで生き残るために、そしてありうべき世界を想像するためには、他者を受け入れるというのは当然の価値観だったと思います。こうした歴史的背景があって、長い時間を積み重ねるなかで、寛容はユダヤ人がユダヤ人であることを示す特徴となってきたわけです。そして私の母は、このことをかなり若い頃から理解しており、もしユダヤ人の仲間だけの国家に移住してしまったら、寛容という倫理を実践することはなおいっそう困難になってしまうと考えたのでしょう。しかも母はきっと、自分の仲間うちだけの集団内で住むことが、傲慢さや優越意識を生み出してしまうということを恐れていた、そのように私は確信します。それでは完全な自己否定につながってしまうのですから。

徐京植

今度はお父さんのことについて少しお聞きしたいと思います。

この「ホロコーストとともに生きる」には、お父さんについて驚くべきことが書いてあるのです。お父さんの名はホロコースト関係者のなかでよく知られていて、ヘウムノのあった絶滅収容所を生き延びたことで知られる二人のうちの一人だったと書かれてあります。クロード・ランズマン監督の映画『ショアー』で、おそらくヘウムノを生き延びた男性で、川で歌を歌っていた人がいます。私の記憶違いでなければ、あれは確かヘウムノの生き残りの人だったと思うのですが、あなたのお父さんがその人でないとすれば、唯一もう一人生き残った方が、お父さんだということなのでしょうか？

サラ・ロイ

ヘウムノというのは、ポーランドで最初につくられた絶滅収容所で、最終的にはそこで一五万人もが殺害されています。そのヘウムノ絶滅収容所を生き延びた人数は、訂正しますと四人いたということのようです。映画『ショアー』では、そのうちの二人がインタビューを受けていたはずですが、私の父親はそのどちらでもありません。

実は、このヘウムノの絶滅収容所についての決定的な研究書を出そうとしているアメリカ人作家がいます。その人はいまポーランドに住んでいて、もう一八年間もこのプロジェクトに携わっています。その人物が、私の父がヘウムノの生存者だということを知って、去年、私にコンタクトをとってきました。それでヘウムノの生存者が四人だったということを教えてもらいました。いや、厳密に言うと五人で、一人はまた他の収容所に入れられてしまい、そこで死亡してしまっています。それで、ヘウムノから生還したのが四人というわけです。うち二人がごく最近までご存命と聞いています。

徐京植
私は冒頭の「応答」で、ランズマンの映画『ショアー』の一部に言及しました。ここで「俺の心臓をなめてみろ、毒の味がするから」と言った人物は、ヘウムノではなくて、ワルシャワ・ゲットー蜂起の生き残りです。その人はこの映画撮影当時はイスラエルにいたわけです。ランズマン監督は映画によって、極めて強い力で、こうした人びとがどれほどの絶望を味わってきたか、人間性に対する信頼をどれほど根底的に打ち砕かれてきたか、ということを私たちに伝えています。

ところで、『ショアー』のときには直接的なメッセージとしてではないのですが、イスラエル国家を正当化する一種のレトリックとか情緒に、この映画がやがて利用されていく、あるいはこの映画を利用する人たちが出てきます。ランズマン自身もこの『ショアー』の後には『ツァハール（イスラエル国防軍）』という映画を撮ったりして、〈九・一一〉以降はイスラエル国家支持への傾斜を強めていると聞いています。

そこでこのいわば西欧世界ないし日本を含む世界に対してホロコーストで起きた真実を伝えるのに極めて役立ったこの証言を取り扱った映画、そこに登場した証人たち、あるいはその映画を撮影したクロード・ランズマン監督自身と、現在のイスラエル国家の政策を正当化するというようなメンタリティとの間のつながりをどういうふうに考えたらいいのだろうか、ということが私たちにとってのひじょうに大きな問題だと私は考えています。そして、この問題について話を聞いてみるのに、サラ・

ロイさんほどふさわしい人はいないと思います。お父さん自身がヘウムノの生き残りですから。たいへんに重い仕事だと思いますが、聞かせてください。

サラ・ロイ

ランズマン本人については、私にはあれこれ言うことはできませんので、イスラエル国家とホロコーストとの関係についてお話しします。多くの人にとって、イスラエル国家が、ヨーロッパにおいてユダヤ人虐殺が行なわれたことがもたらした帰結として当然のものだというのは、もちろんそうでしょう。イスラエル国家は、避難場所、約束の地、そして戦後世界に残された希望と考えられていたわけです。そしてイスラエル国家とホロコーストとの組み合わせこそが、第二次世界大戦後の現代ユダヤ人の生活を決定的に特徴づけることとなりました。したがって、少なくともこの一点において、その両者が実感をともなってひじょうに堅固に結びついているというのは、多くの人びとにとっては無理からぬことだと思います。

たとえば、私のおばがイスラエルに行く決断をしたのも、彼女にとってはユダヤ人が唯一安全でいられる場所がそこしかないと考えたからです。もちろんおばは、パレスチナ人に何が起きていたのかを知らなかったということもあると思いますし、概して言えば、イスラエル移住者には侵略者という側面があったわけです。しかしそれでも、理念としては、どこかに新しい自分たちの郷土を再生させようというものでした。ですから、これはすでにそのエッセーのなかで書いたことでもありますが、ホロコーストがあったがために、ユダヤ人は、その内実はさておき、とにかく自分自身の国家をもたなくてはならないのだと、イスラエルのユダヤ人やあるいはアメリカに住むユダヤ人もしばしば言いがちです。その場合、その国家がどのようなものなのか、そこでユダヤ人が何をしているのか、どのように振る舞っているのかは、さほど関心をはらわれないのです。実際には、そうした事柄が、ユダヤ人とユダヤ民族の生存にとって重要な試金石になっているのですが。

しかし、もちろんこれだけでは説明として不十分だと思います。たしかにホロコーストが、イスラエル国家の行為を正当化するために利用されてきたのは事実です。まだ私が幼い頃や若い頃には、イスラエルにいる友人らからホロコーストについて何か聞くことなどめったにありませんでしたし、ときに耳にすることがあったとしても、ホロコーストの犠牲者や生き残りの人びとは蔑視の対象にされていました。彼らは弱くて、無抵抗で、殺されるがままにされていたとみなされていて、社会の恥と言われていたのです。もちろんホロコーストの生き残りの子どもとして私はそのような考え方などまったく共有などできませんでしたので、こうした言い方にはたいへんに困惑させられました。しかも、そのホロコーストが、イスラエル国家がパレスチナ人を弾圧する政策を正当化するのに利用されるようになっていくわけです。このような矛盾したホロコースト利用、あるいはホロコーストの見方は、私にとってはたいへんに攻撃的なものに思えました。同じ事柄について考え方や感じ方が人それそれなのは当然でしょう。ところが、大半のユダヤ人が、マジョリティと言ってもいいと思いますが、ひじょうに強固に、一方でホロコーストをユダヤ人国家の必要性を正当化すると同時に、他方で戦後のイスラエルでは犠牲者や生き残りを侮蔑してきたわけです。私の親族の経験を振り返っても、私の知っているホロコースト生存者を見ても、つねに社会から周辺的に扱われ、与えられるべき敬意も尊厳も社会から与えられていないのです。彼らの存在が象徴しているとされるのは、過去、つまりイスラエル建国前のユダヤ性、弱さ、後進性、伝統的生活、そして抑圧されるマイノリティ、そういったものなのです。いま現在のイスラエル国家のなかでも、ホロコースト生存者たちは市民としての平等な権利を与えられていないと思うときすらあります。イスラエルには多くの内部的な矛盾が存在しており、単純な話など一つもなく、この問題についてはすでにいくつかの本が書かれています。

さて、こうしたことと深く関係するのが、言語の問題だと思います。これは徐さんが冒頭の「応答」で語られたことにも繋がっています。私の第一言語はイディッシュ語なのですが、このイディッシュ語というのは、現在イスラエルでは使われていない言語です。というのも、これは弱者の言語だとされたからです。

徐京植　ここまでたいへん重要なお話がいくつも出てきました。その中で「ホーム」ということと「言語」、イディッシュ語の話が出ましたので、その二つについて少しお話をお伺いしてみたいと思っています。

ロイさんのこのエッセーのなかで強調されていることは、「占領」というのは「家を奪う」ということだということです。家を破壊される人たちの負担、住んでいる場所から追われる人の負担についての強い共感が語られています。この共感の背景にあるものが、先にうかがいましたように、実は何世代にもわたって住んできたポーランドの土地での共同体を追われる結果になった経験なのですね。合衆国に行くにせよ、イスラエルに行くにせよ、他のどこかに行くにせよ、そういう故郷喪失の経験に裏打ちされているということがわかるわけです。

たとえば単純な、悪意のあると言ってもいいような二分法で、ユダヤ人対パレスチナ人というふうに分けたときに、パレスチナ人側にいるエドワード・サイードと、ユダヤ人側にいるサラ・ロイさんが、なぜ共感することができるのか。その根底には、いま言いましたような、故郷喪失の経験に対する共感というものが一つ横たわっているであろう、と私は思うわけです。

サイードには『祖国喪失についての省察』（全二巻、大橋洋一ほか訳、みすず書房）という本がありますが、ここには同じくユダヤ系の知識人で長く合衆国に亡命したテオドール・アドルノの言葉が引用されていまして、「自分の家でくつろがないことが道徳の一部なのである」と、アドルノは「深刻なアイロニーとともに書いた」と、サイードは述べています。そこで私がロイさんにお聞きしたいことはこういうことです。ホロコーストの犠牲者たちがイスラエル国家の建設・再建という、「ホームランドを手にしたい」という志向性をもった、ということは理解できます。しかし、その内容、そのクオリティ、あるいはその方向性、ということについてもっと考えるべきだったということをおっしゃったので、あなたにとって「ホーム」とは何なのか、あるいは、こういう故国喪失者たちにとって「共有できる家」とは何か、というような問いを投げかけてみたいのです。

サラ・ロイ

私にとっての「ホーム（家／故郷）」はアメリカ合衆国、つまり、私が生まれ育ち、学校に通い、友人や家族がいて、生活がつくられた場所です。私は自分をアメリカ人だと思っています。しかし、両親にとってはこの問題はより複雑です。というのは、両親らの故郷は完膚なきまでに破壊され尽くしましたが、それは物理的な破壊を意味しただけではなくて、生活様式が完全に破壊されそしてそれ以降まったく別ものに生活が変容してしまったということだったわけです。それで母と父はアメリカに来て、アメリカで「ホーム」を再建しなければなりませんでしたが、この再建には二つの異なる次元があったと思います。

第一には故郷の再建は、個人的に担われ、そしてホロコーストを生き延びた友人たちや、あるいはユダヤ人コミュニティの他の人びとととともに担われました。こうした人びとは、ポーランドで失った家族らの代わりに、新しい家族になりました。興味深いことに、ホロコースト生存者たちのコミュニティでは、友人がお互いにとっての家族にもなるのです。そのことが、アメリカで故郷を再建することにつながりましたし、そうする以外に選択肢がなかったわけですから。各人にどんな理由があるにせよ、イスラエルに行かないと決めていましたし、ポーランドやその他の東欧諸国に戻るというのも実質的な選択肢としてはありませんでした。それに対してアメリカは、諸個人や家族に対して、なにがしかの可能性を提供してくれたのです。同じ背景・経験を共有する人びとに手を差し伸べることで共同体を再建し、その共同体内部ではひじょうによくイディッシュ語が話されていました。子どものときから集まりに出かけるとつねにイディッシュ語が聞こえていましたし、しかし同時に英語も教育によって誰もが話すことができるようになりました。

第二の次元に関しては、個人や家族といったことではなく、身近な人間関係を超えて社会にどうやって関わっていくのか、というより大きな問題です。私の父のほうはたいへん内気な人でしたが、とりわけ母のほうは社会運動家として積極的に動いていました。たとえば市民権運動なんかにも参加しましたし、子どもの私のこともそういった会合に連れていきもしました。

ですから、母にとってのホームというのは、実際にそうしたように、この二つの次元において、生き方そのものを再想像し再構築するということを意味しました。この両親の世代があらゆるものを失ってから、故郷を再建したということを思い起こすと、これは心底おどろくべきことを成し遂げたと思います。彼らはヨーロッパで、家族を失い、故郷を失い、生活を失った、そしてアメリカに来たときは一言も英語を知らなかったわけですから。

そうした環境で彼らは幸運にも成功を得ることができ、また私自身もおおいに幸せな家庭で育つことができましたが、その理由を考えるとこう言うことができます。それは、彼らが個々人の私生活においても、またコミュニティ内での専門的な職業においても、明確な目的意識と意義を自分たちで自覚してもっていたからです。固い決意があり、達成目標があり、それらが生きる意味を与えていました。そうしたことが前進するうえで大きな役割を果たしたと思います。

もう一つ付け加えたいこととしては、私の両親だけでなく、ホロコーストを生き残った他の人たちにも言えることなのですが、戦争の故郷のことを思い出すときに、その記憶はポーランド国家よりも、家族や親族との思い出のほうにより強く結びついていました。もちろん、ポーランドに戻るという選択肢はありませんでしたし、戻りたいとも思っていませんでしたけれども、しかし、つねに思い起こされる記憶というのは、殺されてしまった家族や友人の記憶であり、それは彼らと共有していた文化や伝統や宗教儀式といったものに繋がっているのです。そして、そうした文化や伝統は、アメリカ合衆国に再建した新しい故郷に移植されました。だからこそみなイディッシュ語を話すことができましたし、イディッシュ語に慣れ親しんでいたというにとどまらず、イディッシュ語は生活の一部となっていたのです。

また、言語だけではありません。ありとあらゆる種類の文化や伝統が、私たちの家庭では実践されていました。たとえば家庭料理は伝統的なものでした。まったく新しい生活スタイルを始めることもできたのですが、しかし彼らは過去との繋がりを求めました。精神的な繋がりとか記憶だけの結びつきではなく、彼らの生活に意味を与えてくれる具体的な過去との繋がり、しかも可変的な繋がりを求めたのです。

徐京植

まず短い質問をしますけれども、サラさん自身は勿論、サラさんのご両親も、イスラエルに行ったときにアットホームには感じない、ということですよね?

サラ・ロイ

イスラエルがホームだというふうには感じません。そこにはおばやいとこなど私の親族がいて、幼少の頃から私の生活の一部としてありましたが、しかしホームではありません。

徐京植

これも事実確認のような単純な質問ですけれども、広く一般的な理解として、アメリカのユダヤ人共同体はイスラエル支持であり、これはもうイコールで結んでよい、というのがあります。あるいは、アメリカのユダヤ人共同体が非常に強く支持しているがゆえに、イスラエルがああした強硬な姿勢を取ることができるという一つの側面のみを強調する見解があって、それは日本にも広まっていると思います。

しかし、サラさんのお話を聞いていると、それは必ずしもそうじゃない、イコールじゃないだけでなく、むしろ反対ですらある。ユダヤ教の文化・伝統に対する郷愁と呼ぶか愛着と呼ぶか、それはともかくとして、そうであるがゆえに、むしろ現在のイスラエルに対して反対であるということもまたあるんだ、ということが今のお話からわかると思うのですが、そういう理解でよろしいのでしょうか。

サラ・ロイ

アメリカのユダヤ人というのは均質的でも一枚岩でもありません。コミュニティ内にも多種多様な意見と立場があります。何パーセントかまでは分かりませんが、もちろん大多数のアメリカのユダヤ人はたしかにイスラエルの政策を支持し、親イスラエル的であり、シオニズムとその目的を支持しています。もっとも批判的な部類でもなお、イスラエルの政策を批判することは控えています。こういった姿勢は、パレスチナにとってだけでなく、イスラエルにとっても危険なわけですけれども。

しかしアメリカ合衆国にはその他にも、さまざまな名前で呼ばれる、イスラエルの政策に批判的なユダヤ人がいます。異議のあるユダヤ人、進歩的ユダヤ人、自己憎悪的ユダヤ人、などなど。まだ少数派ではありますが、その数は少しずつ増えています。私もそこに属していますが、しかしこちら側のユダヤ人も一枚岩とは言えません。イスラエルの政策に批判的ではあるけれどもイスラエル国家を一定支持する人、完全に反シオニズムの立場の人、そこまでいかないけれども非シオニストの人、またそのなかでも宗教的な人もいればまったく世俗的な人もいます。それでもわれわれのあいだには一つの共通点、共有している信念があって、それは、イスラエルによるパレスチナの占領は悪であり、やめなければならない、ということです。また、価値観や信条、倫理体系としてのユダヤ教を守るということもあります。そうした倫理観からこそ、イスラエルの政策は許容しないし、またユダヤ教の名のもとで占領行為がなされることを認めない、という立場です。

こうした立場のユダヤ人は、アメリカ合衆国のなかでこの一〇年で急速に増えてきました。もちろん組織化されたユダヤ人団体と比べると少数派であることは変わりありませんが、ここ三年での増加はさらに目をみはるものがありますし、ここのところ状況が違ってきているのは、以前であれば、そうした大組織がイスラエルやシオニズムや紛争に対する見解を独占していたわけなのですが、最近はわれわれの批判的な声を封じることはもはやできなくなってきた、という点です。

このことの背景にはこういう変化があります。いまの若い世代のアメリカのユダヤ人は、私や両親の世代と比べると、イスラエルに対する愛着がどんどん小さくなってきています。これらのユダヤ人たちはアメリカ社会にかなり同化しています。このことはユダヤ人組織にとって実際、ひじょうに大きな危惧になっています。とくに二〇代や三〇代の若いユダヤ人はイスラエルに対して、前の年代の人たちがもっていたようなとくに強いこだわりがあるわけではもはやないのです。もちろん若い人のなかにも政治的なことにコミットする人もいることにはいますが、しかし概して無関心になってきています。なぜなら、彼らにとってイスラエルは自分の生活と現実的な接点がないからです。

さらに言えば、多くのアメリカのユダヤ人のなかに、いままでイスラエル国家を支持してきたようなユダヤ人のなかにさえも、大きな迷いが生じてきています。とくにパレスチナ人に対するイスラエルの振る舞いに対しては不快感が増しているのです。これは、まさにいまのようにガザ地区への攻撃が行なわれているときに、パレスチナで何が起きているのかを知ることがずっと容易になったためでもあります。酷い映像も入ってきますし、それによってこれはやはりおかしいのではないのか、と声を上げはじめているのです。私の周りのユダヤ人たちにも見られる変化です。もちろんアメリカの多くのユダヤ人は、一定イスラエルを支持している人がほとんどなのですが、そういう人たちにとってでさえ、いままでのように無条件に支持するというわけにはいかなくなっており、批判的にイスラエルの政策を見ていくというスタンスに変わりつつあるのではないか、そして具体的に批判の声が高まっているのではないか、と思います。

徐京植

それではここでもう少しデリケートな質問を二つしたいと思います。

まず簡単な方からお聞きしますが、アメリカ合衆国もイスラエルも、一応制度としては民主主義国でオープンソサイエティ、開かれた社会、言論の自由、報道の自由を保障されている社会ですね。ですから、いまサラさんがおっしゃったように、ガザで何が起きているか西岸で何が起きているかはイスラエルの市民にもわかるわけです。にもかかわらず、九割以上のイスラエル市民がガザ攻撃を支持しているという現実があるわけです。しかもその人たちは、直接ホロコーストを経験した世代でもないし、またヨーロッパ出身でもない人たちが多数になっているわけです。モロッコとか、イエメンとか、あるいはチュニジアとかあるいはロシアとか、そういったところから来た人たちが、いわばそのホロコーストの記憶というものを神話として共有しつつ、ガザならガザ、西岸なら西岸で起きている、形容しがたい出来事に対して、今みなさんがご存じのようなああいう攻撃的な反応をする、そういういわば記憶を神話化して、実は直接関係ない世代や関係ない地域からきた人たちのあいだで、共有させていくポリティクスについて、どういうふうにお考えでしょうか。これが一つ目の質問です。

サラ・ロイ

不幸なことに、抑圧者と被抑圧者とのポリティクスというものが作用しています。情報は隠されていない、普通に手に入るにもかかわらず、アメリカのユダヤ人組織もイスラエル人も知ろうとしない、ということがあります。彼らはガザ地区や西岸地区で起きていることを知らないのですが、それは知りたがらないからなのです。私自身、もう何年もガザ地区、西岸地区、イスラエルを歩き回っていますが、イスラエルに住んでいる友人や親戚と話をし、ガザで何が起きていると思うか、そして占領地でイスラエル政府が何をしていると思うかを尋ねると、彼らの知識や認識というものは実際に起きている現実とはほとんど関係のないことばかりで、聞いても楽しくないことは聞きたくないという感じです。もちろんこれは、どんな人間にも傾向的に見られることで、自分が抑圧者で加害者であるだなんてことは誰も信じたくはないわけです。とりわけイスラエル内外のユダヤ人は、自身を被害者だと認識していますし、また無垢な民であると肯定したい強い欲求があります。実際、過去から現在にいたるまで自分たちがパレスチナ人に対して何をしてきたのか、それはぞっとするほどの不正義であり犯罪行為なわけですが、それを直視するのはつらく難しいことですし、加害者として被害者のパレスチナ人と向き合うということもなかなかできません。こういったことがユダヤ人の自己認識を支えているると、自分たちが無垢であるという思い込みから抜け出そうという意思も能力も出てこないのです。この前のレバノン侵攻のときや今回の残虐なガザ攻撃においてさえ、ある意味ではもう信じがたいほどあからさまに、イスラエル人側から「われわれこそが攻撃され苦しめられている」などと心底信じ切って言われているのを耳にします。私の知っているかぎり、平均的イスラエル人は本当にガザや西岸で何が起きているか知らないのです。

しかし、知らないことに言い訳はききません。というのも、イスラエルのメディアはあらゆる点でアメリカのメディアなどよりはるかにオープンであり、実際知ろうと思えば知ることができるのですから。たとえばイスラエルのヘブライ語の新聞では、アメリカでは見られない幅広い論調を読むことができます。アミラ・ハスとかアキヴァ・エルダールとかギデオン・レヴィのような優れたジャーナリストはアメリカにはいません。もちろんイスラエル政府はどんなメディアにも圧力をかけてはきますが、にもかかわらず彼らは、イスラエルの政策に対して強く反対する人びとの意見を伝えてくれます。

さらに言えばこのインターネットの時代、知ろうと思えば情報へのアクセスは本当は簡単なのです。無知を正当化できる理由はありません。しかしそれでも彼らは断固として知ろうとしない。それは、自分らの潔白さの主張と深く関わっています。逆に言えば、自らの罪を反省することには大きな痛みを伴うために反省できない、ということかもしれません。しかし私は、こうした状況のままでは、無知であるほうがはるかに高い代償を払わせられることになると思います。というのも、ユダヤ人とパレスチナ人とがともに普通の生活を営むことのできる可能性もあるのですから。最近ハーバード大学であった一つのシンポジウムでの話なのですが、あるアメリカ政府の役人が司会をしていて、普通であればイスラエル政府を支持するような立場であるにもかかわらず、その人は次のようなことを言ったのです。「一九四八年のイスラエル建国以降、イスラエル人は普通の生活を知らず、パレスチナ人は正義を知らない」、と。重要なことを言ったと思います。本心からお互いを承認し、普通の生活へと前進するためには、まずイスラエル人がこれまで何をしてきたのか、いま何をしているのかを認めなければならないと思います。

あと少し戻って補足ですが、「tolerance（寛容）」という言葉に関して一言。「tolerable（ここまでは我慢できる／許される範囲の）」と言った場合の思考の形式においては、むしろ寛容さを排除してしまっているというある種の皮肉な状況が生じていると思います。

徐京植　それでは、私の二つ目の質問ですけれども、その前提として次のような情景を想起したいと思います。私は直接に会う機会がありませんでしたが、サラさんのご友人であったエドワード・サイードが、二〇〇三年のイラク戦争開戦の直前にエジプトのアレクサンドリアで講演をしました。彼はエジプトにいるときにイラク戦争開戦の報道を知ったわけです。もちろん対テロ戦争に反対し、イラク攻撃に反対してきた彼にとってはひじょうに悲痛なニュースをエジプトで知ったわけです。

そのときの映像はＮＨＫのドキュメンタリー番組で放映されたのですが、サイードは、握り拳をくっつけて離す、またくっつけて離す、こういうジェスチャーをしながら、合衆国国民として、またアラブ人として、恥ずかしい、と言ったのです。

つまり、サイードのように非常な困難のなかで合衆国を批判し続けてきた人物が、また一九六七年の第三次中東戦争の時に自分がパレスチナの側に立つべきだという召還を受けたと感じたという彼が、同時にその合衆国国民として合衆国政府に恥を感じ、それをもっと批判しなければならないという責任をそこで感じた、という、そういうジェスチャーなのですね。つまり彼の二重のアイデンティティは二重の責任とつながっているというジェスチャーです。

それで質問ですけれども、若いアメリカのユダヤ系の人びとの世代が、イスラエルとのあいだにどんどん距離ができて、イスラエルに批判的であるというときに、アメリカ合衆国という国あるいはその政府の国家政策に対する責任というものについてはどう考えているのでしょうか。つまり、冒頭の私のレスポンスで言いましたように、長い歴史を見るまでもなく、ごく短い対テロ戦争の期間だけを見ても、アメリカの庇護、バックアップなしに、イスラエル国家のあのような非道な政策は実現されえなかったわけです。そこをどういうふうに結びつけて考えているのでしょうか。

サラ・ロイ

先にも言いましたとおり、アメリカのユダヤ人というのは一枚岩ではないので、人によって反応は異なりますが、しかし若い世代のなかでは、イスラエルの政策で不正と感じられたものに対してひじょうに原則的な立場を取り、そして実際反対の声を上げはじめている人が増えてきているということがあります。もちろん何も関心のない人たちもいて、それはもう個々人によると思いますが、少なくとも、声を上げることが大事なだけでなく切迫していると感じているユダヤ人が増えてきているというのは、注目すべきです。そしてこの傾向は、シオニズムのほうにではなく、アメリカに住むユダヤ人としての自意識のほうに同一化するということであり、またそれは長いユダヤ教の伝統に対して自己同一化することにつながっていると私は思っています。こうしたことがいま、ポジティブな形でたくさん表れてきています。つまり、シオニズム問題に対して、活動家のように政治的な立場をはっきりとさせた人びとが出てきているのです。ユダヤ教から来る価値観と倫理、すなわち寛容さ、正義、批判精神、弱者を守り救うこと、こういった価値観をユダヤ人コミュニティの多くの人びとが深く心に抱いているのです。

イスラエルがますます極端な軍事行動に傾くにつれて、そしてパレスチナに対する占領政策が今度の酷い戦争に実際見られるようにますます破壊的になるにつれて、私は証明できませんが主観的にはますますこう感じています。つまり、非暴力的な手段を検討することなく暴力的な選択肢を追求することがアメリカの人びとに大きな衝撃を与えて、ますます多くの人びとが、なぜイスラエルはハマースのロケットのようなことがあったとしても、暴力的な手段をとる前に外交的な別の選択肢を追求しないのだろうかと疑問を持ちはじめているように思えます。とくに若いアメリカ人のなかでは、どんどん抑圧的かつ攻撃的になっているイスラエルの軍事行動に対する監視の目が強くなってきていますし、イスラエル国家に、とりわけ軍や入植者に同一化するようなことはずっと少なくなってきていきます。先にも言いましたように、情報へのアクセスはいまやひじょうに容易ですから、暴力は容認されなくなってきています。変化は確実に目に見えて強くなってきていますし、願わくばもっと積極的になってほしいと、私も批判的ユダヤ人の一人として思います。

たとえば、イスラエルは占領政策について、これは世界中のすべてのユダヤ人のためにやっていると訴えるわけですが、アメリカのユダヤ人たちからは、「私の名のもとでそういうことをするな」という批判が出てきています。「イスラエルはわれわれを代表していない。私の名前を使って占領が進められるのは認められない。もしそんなことをしたら、私は外に出て堂々と異論を叫ぶ」、と。こうしたダイナミックな変化はたいへんに好ましいものと思っています。

こういう観点から考えると、アメリカ人であることとユダヤ人であることに、私はなんら矛盾やジレンマを感じません。二つの部分がしっかりと一つになっているのです。この言い方は一般化しすぎで、たしかにアメリカのユダヤ人全員がそうだとは言えませんが、しかし多くのユダヤ人についてあてはまります。イスラエルの政策に対して、そして他の地域・他の国の暴力に対してもそうですが、ユダヤ教の価値観にもとづいた善悪の観念でもって篩（ふるい）にかけて、私は公然と批判をしています。これは全員とまでいかなくとも、多くのユダヤ人に共通していることです。

徐京植　なるほど、丁寧なご回答をありがとうございました。

サラ・ロイ　さて私からも徐さんに少し質問したいと思います。日本に来る前に、徐さんの書かれたもので英訳のあるものをいくつか送っていただいたので、あらかじめ読んでくることができました。ありがとうございました。たいへんに感銘を受けました。在日朝鮮人として日本社会で生きること、そのことの困難さというのがよく伝わりましたし、こうしたテクストに触れること自体、私には学ぶことの多い経験でありました。

そのうえで私が一つ徐さんにお聞きしたいのは、こういうことです。ユダヤ人がヨーロッパで迫害を受けてきた経験と、そして今度はパレスチナ人がイスラエルによって迫害を受けているという経験があるわけです。そして、あなたの書かれた在日朝鮮人の体験を読むと、私の両親が戦前に経験したこととひじょうに類似している部分もありますし、今日パレスチナ人たちが被っている体験にも色濃く重なる部分もあるのではないでしょうか。そしてあなたのご関心はその両方に対してあると思うのですが、そのどちらのほうにより共感を覚えますか？　すなわち、ユダヤ人の経験とパレスチナ人の経験と、どちらに自身の日本社会での経験を重ねられていますか？

徐京植

在日朝鮮人としての日本での経験についてはあらためて時間を取ってお話しすることは省略して、できるだけ簡単にお答えしたいと思います。私がある年齢まで感じてきたことは、その経験がある個別性の中に閉じこめられているという感じです。私はそれを「地下室に暮らしているような感じ」というふうに言っておりました。個別性の中に閉じこめられている、というのには二重の意味がありまして、日本のなかの在日朝鮮人という小さな一つのマイノリティ・グループという個別性と、それを閉じこめている日本社会自体が一つの小さな地下室である、ということです。つまり、「普遍性への通路」が見あたらないということです。ご質問に対する直接の答えとしてはちょっと抽象的かもしれませんが、サラさんのテクストのなかで、「個別的なことと普遍的なことは、ともに重要なことなのであって、これをともに結びつけることこそが最も重要だ」という、そのくだりに私は大きな共感を抱いたわけです。在日朝鮮人として、日本という個別な社会で、私が経験しているこの個別的な経験は、一体どんな普遍的なテクストに結びつけて解釈することができるのだろうか、ということが、私の思春期以降のテーマだったわけです。

日本は、私から見れば、ある意味では先ほどのイスラエル社会の比喩と似ていて、オープンな社会で、民主主義の社会で、情報はたくさんありますが、知りたくないという人たちで満ちあふれている社会でもあります。自分たちの過去について知りたくないということです。あるいは、一般的に言いますと、少なくとも東アジアで、日本ほどホロコーストやナチズムについて情報がたくさんあって、本がたくさん読まれている社会はありません。しかしそれが、自分たちの日々の日常と結びつけて解釈されているかどうかは大いに疑問です。私自身は、先ほど言いました在日朝鮮人という日本社会のマイノリティとしての個別的な経験と共通するものを、ホロコーストにも見出し、パレスチナにも見出しました。そのどちらかということではありません。あるいは、いわばひじょうに悲劇的なその相互関係に、また私自身の固有な存在を説明してくれる、普遍的なあるテクストを見出したわけです。

たとえばこのテクストのなかでサラさんが発揮したのは、イスラエル兵士に辱められているパレスチナ人の老人を見たときにそれは自分の両親だ、自分の祖父母だと感じたこと、「あれは他者だ」ではなく、他者でありながら、自分自身のコンテクストとそれを重ねて想像するような想像力です。それと同じように、ある時点から私は自分自身の経験をホロコーストを経たユダヤ人の経験、あるいは、パレスチナ人の経験と重ねて、想像するようになったということです。

そこで大きな役割を演じた存在は、パレスチナ人で言うならば、小説家のガッサン・カナファーニー、それからエドワード・サイードです。サイードの『Out of Place』（日本語では『遠い場所の記憶』中野真紀子訳、みすず書房）という自伝は、私自身はいわゆるポストコロニアル文学の最高の収穫だと思いますけれども、他者の話でありながら、まるで自分の親戚の話のように読める、なんて面白いんだろう、と。そういう感覚で読めるのです。同じようにユダヤ人で言うと、先ほども触れましたプリーモ・レーヴィ、あるいはステファン・ツヴァイク、その他の人たちです。

これが、今日のように、対立するコンテクストとしてではなく、一つの近代の国家が行使した暴力、近代の植民地主義・帝国主義が人びとに強いた暴力という普遍的なコンテクストのなかに置いたときに、まるで自分の姿が鏡に映っているかのように感じられた、ということです。

先ほどあなたはイディッシュ語のことについてずいぶんと強調されました。私たちも本来の母語であった朝鮮語が、在日朝鮮人についてはもうほとんど失われた、そういう状態を生きているわけです。そのことで大きな共感を覚えると同時に、実はイディッシュ語はある意味、近代国家の国語にならなかった唯一の言語と言ったら言いすぎかもしれませんが、メジャーな言語としては例外的な言語ですね。つまり、言語ナショナリズムの暴力と結びついていない言語だということも、言えるかもしれません。イスラエル国家がヘブライ語を国語としたのは、明らかに国家の暴力と結びついていますね。だからこれは先ほども言いましたようにイディッシュ語を使う人びとが数世代にわたって支払った多大な苦痛の代償として得たひとつの普遍的な教訓だと思いますし、「寛容」を教訓としてもっているとすれば、まさにそれだと思います。それはおそらく、言語というものが国家、国語という枠を超えられるかどうかという重要なチャレンジを私たちに提示してくれているだろうと、そんなふうに私は思っています。もちろんそれを気楽に言うことはできません。そこに行使された暴力、そのために犠牲になった人びとを想起しつつ、そうしたことを思考するべきであると思います。

サラ・ロイ

いまいただいたお答えについてもう一つ質問があります。日本は、ホロコーストの歴史が東アジアにおいてもっともよく知られている国であるとおっしゃいました。その日本の人びとが、ホロコースト、つまりユダヤ人の迫害と、自分の国が在日朝鮮人に対して行なってきたこととのあいだに、共通点を見いだすことがあるのでしょうか？　もちろんこの両者が直接的な並行関係にあるというわけではないにしても、しかし何らかの関連づけをすることや類似を見いだすことがあるのでしょうか？

徐京植

それについて、もちろんそのように見る人たちがいます。しかしそのような人びとは、たぶんあなたが合衆国においてマイノリティであると同じか、あるいはもっと少数であると私は思います。私のこの見解が多くの日本の方々に共有してもらえるかどうかは別の話ですが。私は実はプリーモ・レーヴィの没後二〇年にあたって、イタリアのフィレンツェ大学出版局から原稿を求められて、「東京とソウルでプリーモ・レーヴィを読む」という文章を寄せました。そこでもこの問題について書いたんですね。日本ほど、ナチズムやホロコーストについてたくさん書物が出版されて関心が高い国はないが、日本とナチスドイツが同盟国であったということを関連づけて想起する人がいったいどれぐらいいるだろうか、ということです。

杉原千畝という外交官が、難民となったユダヤ人に旅券を発給したことを、「日本人の誇らしい歴史」として語ろうとする人たちは、その杉原千畝の行為を、当時の日本国政府や外務省が抑圧していたということを忘れているのか、ということです。なぜそれが「日本人の誇らしい歴史」というふうに曲がって接続されるのか。ここには何か、先ほどサラさんがおっしゃったような、痛みを伴う自己認識を避けようとするような心理的機制が幅広く存在していると私は思っています。

早尾　ここで最後に、会場から質問を少し受け付けて、徐さんとサラさんから、それを受けてそれぞれ応答をいただいて、今日の対談を終わらせていきたいと思います。

質問者1　私はドイツ語の教員をしていまして、今回のガザの攻撃に関して、ドイツでの報道のされ方を気にして調べていたら、やはり歴史的な背景もあってイスラエルを批判できないのです。報道番組内のインタビューでもイスラエル人にはガザ攻撃の正当性を語らせるのに、イスラエル批判の声はほんの申し訳程度にしか流しません。しかしドイツには、歴史的にシオニズムを加速させた直接的原因もありますし、現在もパレスチナ占領を黙認しているという間接的加害もあり、二重にガザ攻撃を促してしまっているという気がします。このあたりのことは、ドイツだけでなくヨーロッパ諸国に広くあてはまることだと思いますが、こうした国々のイスラエルに対する及び腰な姿勢について、どのように考えればいいでしょうか？

質問者2

　私は一学生としてお二人の話を伺っていたのですが、徐さんがおっしゃったように、日本社会と世界史を自分が接続できるのかという問題や、あるいはパレスチナ－イスラエル問題に関わる人間として、真摯に歴史と向かい合えるかということが自分に問われていると思います。しかし徐さんのおっしゃる「新しい普遍性へ」ということを考えたときに、お二人の話の根底には、個人史のなかにある種の民族的な苦難や苦難の記憶というのが共有されていると思います。しかし日本人として私にはそのお話を、頭で理解をしても、感情を移入できるような仕方では理解していない。そういう、共有するような苦難の記憶をもっていない他者が、お二人のような経験やその継承の話を理解することができるのか、そこに普遍性の回路は開かれているのか。あるいは教育のなかで学習できることなのか、フィールドワークなどで触れられるのかどうか、要するに第三者と当事者との断絶についてコメントをいただければと思います。

質問者3　サラさんにとって神とは何ですか。神はどのようにこの世界を導くと思われますか。

徐京植　はい、ではまず私から簡単にまとめて応答いたします。いま、若い学生のかたがおっしゃった問題はたいへん重要で、私自身も大学で教員をしていますが、よくそういう質問を受けます。私たちは歴史的な問題の当事者でもないし、当事者の世代でもない、と。そういう私たちがどうやって共感できるのか、という問題ですね。あるいは、あなたはそうじゃないかもしれないけれども、場合によっては「共感をもてという抑圧そのものが暴力だ」というようなリアクションにもよく出会います。

しかし私が大事だと思うのは、感情移入することができないという感覚のほうだと思います。ある意味で美術で言う「不在の表象」ということに繋がるかも知れません。恐ろしいことが行なわれた。それは虐殺でもいいし差別でもいいのですが、想像もつかないようなことがあった。それをたとえば、私なら私が、あるいは、サラさんならサラさんが、全面的に感情移入して全部を理解しているというふうに言ったら、それはその瞬間に虚偽になると思います。サラさんも言われているように、ある経験を経て、自分の祖父母の経験に対して、少しずつ開かれていったということですよね。もともとそうした出来事そのものを代表する人格として自己を措定していません。私自身もそうです。ただ、自分の前に見えている亀裂、自分の知らない何かがあった、このドアの向こうに、日頃気づいていないけど、恐ろしい差別や殺戮があった、というその気配を感じたときに、その気配の前で、どのくらいわれわれが敏感になれるか、ということだと思います。

これは恐ろしい問いで、この問いを突き詰めたがゆえに、自らアウシュビッツを経験したサヴァイヴァーであるプリーモ・レーヴィは自殺したのだと思います。彼自身は、生き残った自分は死んだ人の代わりには語れない、なぜならば、本当の証人はみんな死んだのだから、という言葉を残して死にました。だから本当の証人だけが語れるとか、知っている人間だけが語れるという言葉は疑ってみる必要があると思います。自分たちは知らない、知らないかもしれない、しかし、知らないということが恐ろしい、知らなくていいはずはない。こういう自問こそが、連帯の基盤、新しい普遍性への基盤なのだと思います。それぞれが個別性のもとに、私はこういうことを知っているけれどあなたは知らないだろう、ということを突きつけ合うことからは連帯は生まれない、というふうに私は思っています。

次にヨーロッパの話はたいへん悲劇的ですけれども、短い時間ですから簡単に言いますと、これは、ヨーロッパ自身が背負わなければならない、何とか克服しなければならない一つの罪です。つまり、ホロコーストを実行するときにナチスは「ユダヤ人問題の最終解決」ということを言いました。この感覚は実は、イギリスでもフランスでも、メインストリームのヨーロッパ人はある程度共有していたわけです。厄介者で、問題の種であるような人間たちを除去しようという言葉に同調した人たちはドイツ以外にもたくさんいたわけです。それがいま、イスラエルという場所に押しつけられ、しかも、そのイスラエルの人たちがパレスチナ人たちに押しつけている、ということになっています。

もちろん私は、全員が全員そうだとは言いませんけれども、いわば条件反射的に反ユダヤ主義と結びつけて、イスラエル批判を封じようとするその奥深い心理のなかには、やはりヨーロッパ人の自己防衛の機制が働いていると思います。ヨーロッパ人がもっと自分自身を深くホロコーストの歴史に向き合わせなければ超えられない。だからホロコーストの歴史に向かい合っている人が反ユダヤ主義批判を借りたイスラエル擁護をするのではないのですね。その人たちは、ほんとうは向かい合っていないのだと思います。

サラ・ロイ

はじめに、ヨーロッパの問題についての質問に対して。私自身も徐さんがおっしゃったことに同意します。ドイツ人がまさにその歴史的背景ゆえにイスラエルを批判できないという厳しい状況にあるということは、理解はできます。けれども、ホロコーストで殺された私の祖父母、おばやおじ、兄弟姉妹たちのことを、他民族を迫害するための道具や理由として利用しないでほしい、と言いたいのです。ドイツがユダヤ人を殺したという事実があるのであれば、なおさらのこと、ユダヤ人国家であるイスラエルが行なっていることを批判する義務があると思います。またイスラエル批判をしたとしても、六〇〇万人のユダヤ人を含めて一〇〇〇万人にも達する人びとを虐殺したことをドイツ政府が否定することにはなりません。六〇〇万人のユダヤ人の虐殺を引き起こした狂気が、今度はパレスチナ人に向けられた政治問題を正当化しようとしていますが、しかしそうではなく虐殺された人びとの名においてこそ、正義をつねに追求しつづけなければならないのです。もちろんそれはドイツ政府だけの責任ではなく、まともな政府たるものはどこでも、そして政府だけでなくどんな団体や個人であれ、不正義に対しては批判の声を上げる責任を有しています。そしてその正義の基準は普遍的であるべきであり、ダブルスタンダードは許されません。あらゆる状況に対して一貫して正義は適用されなくてはならないのです。

　次に、学生の方にお答えします。まずひとつには、自分が置かれた状況や自分に突きつけられた問題について、与えられている知識や枠組みに対し疑問をもつことはひじょうに重要だと思います。それ自体がつくられたものだということを意識して、一般に語られていることが正しいかどうかを問い直し、それを超えていくことが決定的に大事なのです。だからこそ私は、自分の学生にも、また自分の子どもに対しても、「これが正しい」と言われたことを自分の頭で考えずそのまま自動的に受け入れたりしてはならない、と言っています。疑問をもつこと、精査することは、政治的な次元だけでなく、個人的な活動のときにも、絶対に必要なのだと思います。こういう批判的思考や批判的問いの欠如や、異議申し立ての欠如こそが、歴史的にも現在においても、悲惨な状況や致命的な誤りを引き起こしているわけですから。それはたとえば、アメリカ人の大多数がイラク戦争を支持してしまったことや、イスラエル人の大多数がパレスチナ占領を支持していること、その他、世界中にいくらでも例はあります。だから批判的思考や問いというのが、絶対的に必要不可欠なのです。

最後に質問された方への回答ですが、「私にとって神とは何なのか」というのはそれとしていい質問だとは思います。しかしいま世界中にあるこのような痛みや苦しみを考えたとき、われわれがより問うべきことは、われわれこそが神にとって何者なのか、私は神にとって何者であるのか、ということではないでしょうか。

早尾

長時間にわたってありがとうございました。対談ですので、とくに結論や合意を得るとかそういう場ではありません。今日のこの対談を受けて、さらにそれぞれみなさんのなかで、問いを深めていき、またそれを何らかの活動などに結びつけていくことが大切だと思います。実際、一度聞いたぐらいでとうてい消化できるような話ではなかったと思います。私自身、反芻しながら、自分の問題として深めていきたいと思います。

編訳者あとがき

本書は、二〇〇九年三月に日本へ招聘したサラ・ロイさんの講演、対談、インタヴューをもとに編集したものです。招聘は、東京大学グローバルCOE「共生のための国際哲学教育研究センター（UTCP）」であり、研究員である私がUTCP拠点リーダーの小林康夫さんと相談のうえで実現しました。

イスラエルによるガザ地区の占領問題を政治経済学的に研究されているサラさんについては、序章で詳述しましたので、ここでは省略します。

UTCPがパレスチナ／イスラエル関係でゲストを招聘したのは二〇〇七年三月のイラン・パペさんに次いで二人目であり、また来日講演の記録から生まれた書籍についても、『イラン・パペ、パレスチナを語る――「民族浄化」から「橋渡しのナラティヴ」へ』（ミーダーン〈パレスチナ・対話のための広場〉［編訳］、柘植書房新社、二〇〇八年）に次いで二冊目となります。

まずは、大きな視野と懐の深さでもって、つねに自由な研究交流を後押ししてくださっているＵＴＣＰの小林さんに感謝いたします。

＊

サラ・ロイさんの講演や対談の企画は以下のとおりでした（すべての企画がＵＴＣＰ主催ないし共催になります）。

一、ＵＴＣＰ講演会（3月2日）
「Learning from the Holocaust and the Palestinian-Israeli Conflict」

二、イスラーム地域研講演会（3月3日）
「パレスチナ研究におけるガザの位置づけ」

三、ＵＴＣＰ対談企画：サラ・ロイ氏＋徐京植氏（3月4日）
「『新しい普遍性』を求めて――ポストホロコースト世代とポストコロニアル世代の対話」

四、京都大学大学院人間・環境学研究科講演会（3月5日）
「〈ガザ〉以前、そして〈ガザ〉以後――イスラエル／パレスチナの新たな現実を検証する」

五、ミーダーン〈パレスチナ・対話のための広場〉市民集会（3月7日）
「ガザが語る、パレスチナの将来――イスラエルによる占領体制を読み解く」

招聘にあたっては、サラさんと個人的にも親しいジャーナリストの小田切拓さんに、最初の構想段階から相談に乗っていただきました。小田切さんには来日期間中のアテンドでも始終お世話になり、講演ツアー全体の成功は彼のおかげと言っても過言ではありません。また、占領の政治経済学的批判という観点でサラさんと最も深く問題意識を共有する稀有な人物である小田切さんに、本書の編集にご参加いただくことは、日本にサラさんの業績を紹介するうえで不可欠なことでした。

サラさんの招聘が決まるとすぐに、京都大学の岡真理さんにも相談させていただき、京都での講演も実現しました。本書刊行以前に日本語で活字になっていたサラさんの唯一のテクスト「ホロコーストとともに生きる」（『みすず』二〇〇五年三月号）を訳されたのは岡さんでした。同エッセイはサラさんの来日時にひじょうに広く読まれ、再度大きな感銘を読者に与えたようですが、それも岡さんの貴重な訳業のおかげでした。

作家の徐京植さんには、対談をお願いしました。一方でプリーモ・レーヴィのモノグラフを書かれるなど、ホロコースト体験をしたユダヤ人の作家や芸術家の精神の旅路を追いかけつつ、他方でサラさんとも旧知であったパレスチナ人のエドワード・サイードの思想的闘いにも強い共感を寄せられてきた徐さんは、これ以上ない対談相手であると思われました。また、ホロコーストや占領の問題がまさに日本・東アジアの近代史とも密接につながっているということを、鋭く日本の聴衆に提示することもぜひとも必要なことだと考えました。これらすべての観点において、徐さんは見事な役割を果たされました。

そのほか、〇八年一二月末から〇九年一月にかけてのイスラエルによる猛烈なガザ攻撃という事態も重なったことによって、ガザ地区問題は中東研究者および市民からひじょうに強い注目を集めるなかで、サラさんの講演会は実現することになりました。そのため、前回イラン・パペさんの講演会を共催していただいたイスラーム地域研究東京大学拠点グループ「中東政治の構造変動」パレスチナ研究班、および、ミーダーン〈パレスチナ・対話のための広場〉に、今回もそれぞれ講演会を企画していただきました。おかげで、世界的なガザの専門家の話を、中東研究者と市民とで広く共有することができました。それぞれ司会を担われた臼杵陽さんと田浪亜央江さんにも感謝いたします。

＊

本書の構成および編訳分担を記しておきます。

序章は早尾と小田切さんによる共筆になります。まず早尾が本書全体の導入として、ガザ地区の説明、サラさんの研究背景、主著、最近の言論活動などを紹介しました。補遺として、サラさんとも親しい小田切さんには、パレスチナ取材の現場を知る者として、占領の構造や援助の問題点を、厳密に検証しつつ報道することの重要さと困難について、そしてそうした仕事をするに際していかにサラさんの存在が貴重であったかを論じていただきました。

第一部第一章は、*London Review of Books* に書かれた“If Gaza falls…”の全訳です。これは、イスラエルが昨年末にガザ攻撃を開始するほんの数日前に書かれたものであり、サラさんの研究者としての鋭さと勇気を最も端的に示す貴重な発言であったため、収録することにしました。早尾が下訳をし、小田切さんと岡さんが推敲しました。

第二章は、前記講演の二、四、五のもととなった発表原稿です。その都度の集会時間の長さに応じて、口頭では省略された部分もありましたが、本書では全文を訳出しました。前半を岡さんが、後半を早尾が担当し、つなげたうえで三者で推敲しました。

第三章は、小田切さんによるサラさんへのインタヴューをもとに、小田切さんが必要箇所を訳しながら、解説しています。元となるインタヴューは『世界』（岩波書店）のために行なわれたもので、内容が一部重複する記事が『世界』二〇一〇年一月号に掲載予定です（本書への利用を許可された岩波書店に感謝します）。日本の援助についてなど、本書収録にあたっては大幅に加筆し、第二章を補完する内容となっています。

第二部第一章は、前記講演一の全訳です。この講演の前半部分は、岡さんがすでに訳されていた「ホロコーストとともに生きる」（前出）と大きく重なっているため、その訳文をほぼそのまま使っていますが、サラさん自身がテクストを修正している箇所もあり、また前後の文脈にも合わせて、一部の訳文を改編しました。残りの部分を早尾が翻訳をしました。

第二章は、サラさんと徐さんとの対談の全文です。徐さんの発言箇所については、そのままテープ起こしをし、サラさんの発言箇所については、英語のテープ起こしをもとに早尾が翻訳したものを徐さんに校正していただきました。第二部の第一章、第二章もともに、小田切さんに推敲していただきました。地図については、小田切さんが担当されました。地図がそのまま政治状況を反映するパレスチナ／イスラエルにあっては、歴史と現状の正確な把握のためには、信頼できる地図は不可欠です。小田切さんには、時々刻々と変わる壁や入植者道路のルート記載にまで、細かく配慮していただきました。

なお、UTCPでの徐さんとの対談およびミーダーンでの市民講演で通訳をされたのは岡田泰平さん、京都大学講演で通訳を担当されたのは平賀緑さんです。お二人の誠実な通訳は、当日のみならず、本書の編訳作業のうえでも大いに助けになりました。また、徐さんとの対談のテープ起こしは、枡岡大輔さんに手伝っていただきました。記して、三人にはあらためて感謝いたします。

本書を担当されたのは、青土社の今岡雅依子さんです。私の著書『ユダヤとイスラエルのあいだ』でお世話になった縁で、今回の単行本の企画を相談させていただきました。今岡さんには、とりわけ政治経済学の視点から分析的に〈ガザ〉について論じることとの必要性に強く共感していただき、編集方針について適確な助言をいただきました。ありがとうございました。

そして最後にサラ・ロイさん本人に。〇八年一二月から〇九年一月にかけてのすさまじいガザ攻撃が一段落した直後の来日となってしまい、世界中のメディアからガザ地区研究の権威として発言を求められる多忙さのなかで、貴重な時間を割いて来日してくださっただけでなく、二種類の講演原稿も事前に用意してくださいました。本書を迅速に刊行できたのも完成度の高い原稿が存在したおかげです。また、講演に参加できなかった日本の未知なる読者のために本書を刊行する意義を認めてくださり、編集にも積極的な提案をくださいました。一人でも多くの人に本書を手にしてもらえることが、サラさんの労苦に報いることになると思っています。

招聘者・編訳者を代表して

早尾貴紀

新装版あとがき

本書『ホロコーストからガザへ』の元となったサラ・ロイさんの来日講演が二〇〇九年三月初めで、それは〇八年一二月末から〇九年一月半ばにかけてイスラエル軍が行なった大規模なガザ地区攻撃・侵攻の直後のことであった。そして本書はその年のうちに編訳と加筆がなされて刊行された。

それから一五年が過ぎるが、そのかんにガザ地区で起きた一連の出来事および、二〇二三年一〇月七日のガザ蜂起とそれを契機に激しくエスカレートしたイスラエル軍の猛烈なガザ地区攻撃・侵攻（この文章を執筆している二四年一月半ばもなお継続中）を振り返ると、この〇八-〇九年の攻撃がその後のイスラエルの対ガザ政策の土台となっていることがわかる。すなわち、ハマース政権とは（ファタハとの連立政権も含めて）一切の政治交渉を拒絶、ガザ地区を封鎖し兵糧攻めをしながら軍事的に挑発を加え、ガザ地区内の抵抗運動からのロケット弾の発射などを誘発し、「報復」「テロリスト掃討」と称して一気に大規模なガザ地区攻撃・侵攻を行ない、ガザ地区のインフラ・住宅地・学校・国連機関・医療機関を組織的に破壊する、というパターンである。その後、一二年、一四年、二一年と作戦名の付いた多数の死傷者を伴う大規模攻撃が繰り返されたほか、それ以外の時期にもより小規模な軍事攻撃は断続的に重ねられてきたのであり、総じて〇八年以降ガザ地区は絶えずイスラエル軍による包囲攻撃に晒され続けてきたと言っていい。二三年一〇月に事態が急変したわけではなく、すでにガザ地区はイスラエルによって「生存不可能」な環境へと作り変えられていくプロセスにあり、〇八年の攻撃はそれが具体的行動に移った転機を、二三年の攻撃はそれが一気に加速していく転機をそれぞれ示すに過ぎない。そのことを本書の「ガザ以前、ガザ以後」はよく示しており、根本的な構図と分析はそこで過不足なく描き出されている。

とはいえ、今度のガザ攻撃が露呈させたのは、本書刊行から一五年間、日本のアカデミズムでもジャーナリズムでもガザ地区理解がまったくと言っていいほど進展していなかった、ということでもあった。イスラエルのガザ政策を理解するうえで本書を凌ぐものは日本語では今なお存在せず、大手メディアには的外れなコメントばかりが溢れた。そのような脆弱な事態については責任の一端を私自身も痛感するところである。

他方でサラさん自身は、二〇〇〇年に始まる第二次インティファーダつまりオスロ体制の破綻を告げる民衆蜂起までを分析した『ガザ回廊』第二版（本書序章でその要約を示した）以降の状況の展開を、『ガザ回廊』増補第三版で具体的詳細にわたって分析し、一六年に刊行した。「ガザ以前、ガザ以後」で示した基本分析について、さらに一二年と一四年の大規模攻撃およびその前後での占領政策の変化を踏まえて厳密に論じていった。サラさんにしか書けない圧倒的な文章であり、本書新装版に続いて、第三版の増補部分の日本語訳を中心とした二冊目の論集を青土社より今春にも編訳刊行する予定である（本書と同じく岡真理さん、小田切拓さん、早尾の三名による）。少しでもガザ研究・ガザ認識の空白を埋める一助とされたい。

ところで、今度のガザ攻撃において、これも新しい事態ではなく使い古された手法ばかりなのだが、イスラエルの政治家や軍人や評論家などから、頻繁にガザ住民を差別的に貶める激しい言動が多く見られた。「人間の顔をした動物」「原爆を投下せよ」「全員テロリストで有罪」などなど。また無差別な虐殺・虐待、大学・文化施設・公文書館の爆破。政策的な集団飢餓の創出。そして、虐待や爆破の現場で笑顔で記念撮影をしSNSに投稿する兵士たちと、飢餓状態を嘲るSNS投稿を流行させる市民たち。問題を指摘されても理解することがないため、この種の言動は攻撃初期から現在にいたるまで絶えることがなく、倫理崩壊に歯止めがきかない状況である（われわれは戦時・植民地期の日本人の所業を想起せずにはいられない）。

今こそサラさんが本書収録の「ホロコーストからパレスチナ－イスラエル問題へ」で静かに深く探求された「ユダヤ人の倫理・精神的高潔さ」を、あらためて読み直すべきであろう。それは、この民族浄化的・ジェノサイド的な攻撃の凄まじさとともに、倫理崩壊とも言える言動の蔓延のために、イスラエルの外部世界で、シオニズム批判と反ユダヤ主義とが混同される危険が生じているからであり、また欧米世界ではイスラエル批判を封じるために意図的にシオニズム批判を反ユダヤ主義の一形態とみなし禁じる動きが進行しているからである。私たちは、自分自身がそうした反ユダヤ主義の罠に陥らないために、また反ユダヤ主義というレッテルでの批判的言論封殺に対抗するためにも、ホロコースト生存者二世としてサラさんの問いかけたユダヤ人の倫理を学びなおさなければならない。

そして本書の最後に収録した、サラさんと徐京植さんとの対談「〈新しい普遍性〉を求めて」について。徐さんは、在日朝鮮人マイノリティとしてユダヤ人の作家やパレスチナ人の作家の作品をよく読み（プリーモ・レーヴィやガッサーン・カナファーニーら）、そしてユダヤ人・パレスチナ人の研究者や活動家と対話を重ねられた。とくにこのサラさんとの対談と、そしてガザ地区の弁護士ラジ・スラーニさんとの対談とがあるように、ガザ地区のことはずっと気にかけておられた。今度のガザ攻撃にもたいへん心を痛めておられるなか、本書新装版の刊行を待たずに、二三年一二月に徐さんは急逝された。本書を届けることができなかったことが残念である。

シオニズムはもちろんガザ占領も、欧米中心的な植民地主義と人種主義との複合物であり、またそれがある時期は経済的包摂をまたある時期は人道的援助を占領正当化のイデオロギーとしたという点では、新自由主義的だったり新植民地主義的だったりする。そうである以上、ガザ攻撃についてもイスラエルを批判しておけば済むという話ではなく、日本社会も世界大で構造化された（新）植民地主義と人種主義を共有した一アクターとして責任を有するはずだ。実際、本書所収の小田切拓さんの論考「「対テロ戦争」と二つの回廊」

が示すように、オスロ体制以降の日本政府の関与、とくに平和的仲裁者を装いながら占領の強化に加担するような関与をしたことについては罪深いと言わざるをえない。

そうした意味で、東アジアとパレスチナ／イスラエルとの関係を、たんに類比するだけでなく、構造的な関与と責任を踏まえて〈新たな普遍性〉のもとに問い直すという視点を、徐さんほど強く持ちつづけた論者はいないだろう。徐さんから与えられた課題を背負いつつ、これからは私たちが〈新たな普遍性〉を模索していくほかない。本書再刊がその一助となれば幸いである。

新装版刊行にあたっては、青土社の菱沼達也さんのお世話になった。ガザ地区情勢をめぐって重大な局面において、迅速に刊行の労を取ってくださったことに深く感謝したい。

二〇二四年一月一五日

編訳者を代表して　早尾貴紀

サラ・ロイ　Sara Roy
1955年アメリカ生まれ。政治経済学。ハーバード大学中東研究所上級研究員。パレスチナ、とくにイスラエルによるガザ地区の占領問題の政治経済学的研究で世界的に知られる。ホロコースト生き残りのユダヤ人を両親にもつ。主な著書に*The Gaza Strip: The Political Economy of De-Development*, Institute for Palestine Studies, 1995 / 2nd ed. 2001 / 3rd ed. 2016. *Failing Peace: Gaza and the Palestinian-Israeli Conflict*, Pluto Press, 2006. *Hamas and Civil Society in Gaza: Engaging the Islamist Social Sector*, Princeton University Press, 2011. *Unsilencing Gaza*, Pluto Press, 2021.

岡 真理（おか・まり）
1960年生まれ。早稲田大学文学学術院教授、京都大学名誉教授。東京外国語大学大学院修士課程修了。在モロッコ日本国大使館専門調査員、大阪女子大学人文社会学部講師、京都大学大学院人間・環境学研究科教授を経て、現職。専攻は現代アラブ文学、パレスチナ問題。主な著書に『彼女の「正しい」名前とは何か』（青土社）、『棗椰子の木陰で』（青土社）、『アラブ、祈りとしての文学』（みすず書房）、『ガザに地下鉄が走る日』（みすず書房）、『ガザとは何か』（大和書房）。

小田切 拓（おだぎり・ひろむ）
1968年生まれ。ジャーナリスト。イスラエル／パレスチナを専門に取材し、渡航回数は現在までで70回あまりに及ぶ。取材歴は20年を超え、「ガザ地区」、「隔離壁」、「オスロ合意」や「経済援助による占領加担」についての構造的分析で知られる。「ガザ　人間の壊し方」「ハマスの6ヶ月　民主主義が瓦解する」「開発学の終焉　パレスチナ支援という虚構」など、『世界』『現代思想』等に約30本の長編論考を寄稿。

早尾貴紀（はやお・たかのり）
1973年生まれ。東京経済大学教授。専攻は社会思想史。著書に『国ってなんだろう？』（平凡社）、『パレスチナ／イスラエル論』（有志舎）、『希望のディアスポラ　移民・難民をめぐる政治史』（春秋社）、『ユダヤとイスラエルのあいだ』（青土社）。共編書に『シオニズムの解剖』（人文書院）、『ディアスポラから世界を読む』（明石書店）、『残余の声を聴く　沖縄・韓国・パレスチナ』（明石書店）、『徐京植　回想と対話』（高文研）。訳書にジョー・サッコ『ガザ　欄外の声を求めて』（Type Slowly）。共訳書にジョナサン・ボヤーリン／ダニエル・ボヤーリン『ディアスポラの力』（平凡社）、イラン・パペ『パレスチナの民族浄化』（法政大学出版局）、ハミッド・ダバシ『ポスト・オリエンタリズム』（作品社）。

ホロコーストからガザへ

パレスチナの政治経済学　新装版

二〇二四年三月一〇日　第一刷発行
二〇二四年一一月一日　第四刷発行

ISBN978-4-7917-7633-7 Printed in Japan

著　者　サラ・ロイ
編訳者　岡真理＋小田切拓＋早尾貴紀
発行者　清水一人
発行所　青土社
東京都千代田区神田神保町一-二九　市瀬ビル　〒一〇一-〇〇五一
（電話）〇三-三二九一-九八三一［編集］、〇三-三二九四-七八二九［営業］
（振替）〇〇一九〇-七-一九二九五五

印刷・製本――ディグ

装幀――水戸部功